팬데믹 시대에 읽는

동의보감 강의

팬데믹 시대에 읽는 동의보감 강의

발행일 초판1쇄 2021년 7월 8일
지은이 안도균 | **펴낸곳** 북튜브 | **펴낸이** 김현경 | **편집인** 박순기 | **주소** 서울시 종로구 사직로8길 24 1221호(내수동, 경희궁의아침 2단지) | **전화** 02-739-9918 | **팩스** 070-4850-8883 | **이메일** booktube0901@gmail.com

ISBN 979-11-90351-89-8 03100

이 책은 2020년 '도서관 길 위의 인문학' 사업으로 진행된 지은이의 강의 내용을 바탕으로 집필되었습니다.

Booktube 북튜브 책으로 만나는 인문학강의 세상
북튜브는 북드라망의 강의-책 브랜드입니다.

팬데믹 시대에 읽는

동의보감 강의

유동적 지성으로 몸과 세계를 사유하다

•

안도균 지음

Booktube 북튜브

머리말

그건 정말 우연이었다. 아니 필연적이었는지도 모른다. 2019년부터 내년엔 한 해 쉬겠다고 떠들고 다녔다. 그동안 늘 바쁘게 살았다. 연락이 뜸했던 후배에게 전화가 왔다. "형 요즘 뭐해?" "강의하지." "그럼 강의 없는 날은 뭐해?" "강의 준비하지." 그랬다. 10년여 동안 강의하고 강의 준비하느라 분주했고, 강의안을 보완해서 책을 내느라 또 원고 마감에 쫓기며 살았다. 그래서 나한테 주는 선물로 안식년을 준비했다. 그리고 혹시 내년 강의를 기다리는 사람들이 있을까 싶어 가을부터 미리 공지를 해 두었다. 필연적으로 쉬어야 할 명분을 찾았으나 그때가 마침 전염병이 돌던 시기와 맞물린 것은 우연이었다.

2020년 벽두부터 코로나19가 우리의 삶을 잠식하기 시작했다. 사람들이 나에게 물었다. "어떻게 아셨어요?" "뭘요?" "이런 사태가 올 거라고 예상하시고 안식년 잡으신 거 아니에요?" 내가 쉬겠다고 마음을 먹은 것은 때가 돼서 그런 것이지 코로나를 예측해서 그런 건 절대 아니다. 설명을 해도 "에이 아셨으면서"라는 분도 있었다. 돌이켜 보니 오해를 살 만도 했다. "내년이 경자(庚子)년이니까 폐병이 돌 수 있어요." 이런 말을 하게 된 것은 '오운육기'(五運六氣)라는 한의학의 오래된 이론에서 나온 것이다. 조금만 배우면 누구나 할 수 있는 아주 쉬운 예측이다. 물론 이 이론은 하나의 참고 자료다. 경자년과 코로나가 필연적으로 엮여 있는 것은 아니다. 어쩌다 보니 그냥 우연히 그 해에 찾아온 것이다. 사람들은 폐병이 돌 수 있다는 말과 안식년을 조합했을 것이다. 폐병이 유행한다면 어차피 강의를 할 수 없으니까 그때에 맞춰서 안식년을 계획했겠지, 라는 결론에 이르지 않았을까 싶다.

해프닝이 잊혀 갈 때쯤 다시 생각해 보니, 뭐가 우연이고 뭐가 필연인지 헷갈린다. 코로나 사태는 우연일까? 이 바이러스는 박쥐에서 유래했다고들 한다. 야생과 문명 사이의 완충지대가 좁아진 탓일 것이다. 인간의 욕심은 늘 이런 대가를 치르게 되어 있다. 되로 주고 말로 받는다. 지구 온난화로 인한 기후 위기나 집약적 축산으로 인한 미생물 변이의 출현 등도 그런 맥락과 맞물려 있다. 그렇다면 코로나19는 어쩌면 필연적이라고도 말할 수 있다. 온난화 때문에 해수면이 상승하는 것처럼 필연적으로 겪을 수밖에 없는, 우리가 늘 걱정하고 있었던 그런 대가 중 하나일 것이다.

그러나 그러한 것들이 언제 어떤 식으로 도래할지는 예측하기 어렵다. 필연적일지라도 우연을 가장하여 느닷없이 찾아온다. 그게 무엇이건 우리는, 마치 절대 올 수 없는 것이 들이닥친 것처럼 또 혼란 속에서 우왕좌왕하게 될 것이다. 코로나 사태로 자본주의 생태계는 일시에 붕괴되었고 생체권력도 속수무책이었지 않은가. 전혀 예상치 못했고, 어떻게 대처해야 하는지 뾰족한 방안도 없다.

그럴 수밖에 없는 데에는 시대를 읽는 방법론의 문제도 한몫했을 것이다. 기존의 합리론과 분석적 해법으로는 예측 불가능한 시대의 흐름을 진단하고 처방하는 데 역부족이다. 분석의 대상은 항상 고정시켜 놓고 촘촘하게 분류할 수 있는 것에 한정되기 때문이다. 더구나 분석적 지성으로는 늘 지엽적이고 예외 상황에 놓인 개개인의 삶을 종합적으로 해석하기 어렵다. 삶이 분과학적 분석의 대상이 되려면 삶의 분면을 쪼개야 한다. 몸은 의학, 마음은 심리학, 돈 문제는 경제학, 노동과 관련해선 사회학. 하지만 삶은 통째로 흐른다. 삶의 문제들은 덩굴처럼 얽혀 있다. 몸이 아픈 것은 마음과 연관이 있고, 마음의 문제는 일과 돈의 문제, 그리고 인간관계 등과 복잡하게 연결되어 있다. 좀 더 확장하면 그것들은 시대의 무의식 등 크고 작은 역사성과 맞물려 있다. 우리에겐 이런 복합적인 것들을 한꺼번에 연결해서 볼 수 있는 어떤 유동적 지성이 필요할지 모른다.

물론 세상에는 유동적 지성이라고 할 만한 것들이 많이 존재한다. 많은 종류의 주술의 영역과 사주나 별자리 등의 운명학, 그리고 종교적 이치도 일종의 유동적 지성이라 할 수 있다. 문학이나 신화 등의 유동적 지성도 있지만, 서사로 구성된 것은 해석의 대상이지 해석의 방법론은 아니니 여기선 제외하자. 문제는 이 주체들이 유동적 지성을 너무 한정적으로 사용한다는 데 있다. 즉, 이들 유동적 사유들은 사적 문제를 다루는 데서 그친다. 물론 개인의 운명과 사적인 문제를 다룰 수 있는 장치라는 점에선 분석적 지성을 보완할 수 있지만, 그 유동적 장치가 학문적 지성이 되지 못하면 시대와 존재를 연결하고 그 흐름을 진단하는 역할을 하기는 어렵다.

더 큰 문제는 주술과 운명학이 미래를 예측하려는 욕망에 사로잡혀 있다는 것이다. 유동적 지성의 방법론이 필요하다는 것이 더 잘 예측하기 위해서는 아니다. 특정한 원리로 세상에 일어나는 사건들을 정확하게 맞힐 수 있는 방법론은 없다. 도래하는 미래는 항상 모든 예측을 비껴간다. 오히려 어떤 것도 예측할 수 없다는 전제가 필요할지 모른다. 어쩌면 그 전제가 우리를 더 자유롭게 한다. 더 나은 예측을 찾아다닐 필요도 없고, 예측에 얽매일 이유도 없으니까. 대신 예측할 수 없다는 전제로부터 이런 질문이 일어날 것이다. "그렇다면 어떤 일이 닥쳐도 잘 살 수 있는 방법은 무엇인가?"

이 책(강의)은 그런 딜레마로부터 기획되었다. 분석적 지성으로는 종합적인 진단이 어렵고, 유동적 지성은 개인의 문제 안에 갇혀 있다. 특히 유동적 지성을 추구하는 어떤 주체들은 자꾸 뭘 맞히려 한다. 그런 어설픈 예측 때문에 예측 불가능의 세계를 사는 사람들은 오히려 존재의 방향성을 잃게 된다. 그 딜레마를 해결하기 위해 이 책에서는 『동의보감』을 전면에 내세웠다. 그리고 『동의보감』 안에 담긴 유동적 지성의 계보를 찾아 '황로학'(黃老學)을 소환했다. 황로학의 핵심사상은 '무위지치'(無爲之治)라는 통치술이다. 이 전략은 치신(治身)과 치국(治國)을 아우르려는 데서 출발한다. 즉, 몸을 치료하는 원리와 나라를 다스리는 원리가 서로 통한다는 것. 한마디로 말하면 의학과 정치가 원리적으로 연결된다. 이 유동적 지성은 중국 한나라 초기 거시정치에서도 실험되었다. 그와 관련된 내용들이 『회남자』, 『황제사경』, 『신어』, 『여씨춘추』 등의 자료에 남아 있다.

그렇다면 이런 종합적 통치술을 개인의 미시정치로도 응용할 수 있지 않을까. 즉, 이 통치술의 배치를 좀 바꾸면, 개인의 문제를 푸는 원리로 시대를 연결하고, 시대의 진단과 몸의 진단이 소통될 수 있을 것 같다. 나는 오랫동안 이 연결과 소통에 대해서 고민해 왔다. 개인은 사적인 문제의 대부분을 경험치 안에서 은밀하게 해결해 왔고, 그 나머지는 파편적으로 흩어진 채 분석적 지성의 영역에 의존해 왔다. 세계정세와 현실정치에 대해 해박한 지식을 가지고 있지만 실제 자기 인간관계의 파탄을 맥락적으로 파악하려 하지 않는다. 역사와 철학을 꿰고 있어도 자기 몸의 역사성에 대해선 무지하다. 운명과 삶의 방향성에 대해 멋진 수사를 구사하지만 정작 감정의 늪에 빠진 자기 삶을 구해 내지 못한다. 몸과 마음과 삶과 시대는 따로 떨어져 방치되어 있다. 현대인에게 풍요로움이란 그 파편화된 것들을 돈을 주고 관리받는 것에 불과하다. 그러나 이런 파편적인 서비스는 아주 일시적으로만 족보 없는 공허를 눈가림할 뿐이다.

나의 고민 해결은 몸에 대한 탐구로부터 출발한다. 황로학의 통치술은 몸의 원리가 중심에 있기 때문이다. 그 일환으로 나는 도담학당에서 일반인을 상대로 한의학(의역학) 1년 과정을 강의하고 있다. 이 과정은 한의학의 기초부터 의학의 임상적 진단학에

이르기까지 두루 공부하지만, 우리의 목표는 임상 치료라기보다는, 몸의 원리로부터 확장되는 삶과 시대에 대한 통찰과 진단에 있다. 한나라 초기의 황로학적 통치술을 현대에 살고 있는 개인의 미시정치술로 구현하고 있는 것이다. 이것은 학문적 고증과 엄밀성을 존중하면서도 유동적 지성을 벗어나지 않는다. 여기에 실린 강의는 그 전략적 과정의 입구라고 보면 된다.

이 책에는 여러 인연들이 얽혀 있다. 이번 책은 강의 세 개를 풀어 쓴 것이다. 강좌 기획은 '문탁네트워크'에서 했고, 수업 장소는 '사이재'에서 제공받았다. 강좌 촬영은 '남산강학원'과 '감이당'에서 공부하는 청년 팀에서 맡았고, 녹취를 푼 사람은 도담학당의 매니저(최원미)이다. 그리고 이 책의 모든 것을 총괄한 책임자는 북튜브의 박순기 실장이다. 이건 '잘 차려진 밥상에 얹은 숟가락' 버전의 끝판왕이다. 모두에게 감사를 드린다.

차례

머리말 4

첫번째 강의

예측불능의 시대와 창조적 진화 15

몸에 대한 『동의보감』의 시선 16

서양의학, 분석적 지성 20

유동적 지성과 분석적 지성의 조화 25

예측불능의 시대 33

유동적 지성의 도구들, 그리고 창조적 진화 39

구심력과 원심력, 생명의 두 가지 힘 48

첫번째 강의 Q&A 54

두번째 강의

『동의보감』에 숨겨진 무위의 통치술 65

『동의보감』 속의 유동적 지성 67

갈홍의 통치술과 무위지치 75

한나라 초기의 황로사상과 무위지치 82

몸의 통치술로서의 무위지치 86

두번째 강의 Q&A 100

세번째 강의

양생과 치유의 실천들 107

블리스(Bliss)로서의 상화 109

무위의 통치술과 상화의 조절 114

양생과 상화의 조절 119

세번째 강의 Q&A 136

| 일러두기 |

1 이 책에서 인용된 『동의보감』 본문은 모두 지은이가 번역한 것입니다. 번역 대본으로는 '완영중간본'(完營重刊本)을 이용하였으며, 법인문화사에서 출판된 『신대역 동의보감』(동의문헌연구실 옮김, 증보판, 2009)의 원문을 참조하였습니다. 아울러 인용문의 끝에는 법인문화사판을 기준으로 인용쪽수를 달아 원문을 쉽게 찾아볼 수 있도록 했습니다.

2 단행본의 제목에는 겹낫표(『 』)를, 『동의보감』의 편명이나 논문·회화의 제목에는 낫표(「 」)를 사용했습니다.

3 인명·지명 등 외국어 고유명사는 2002년 국립국어원에서 펴낸 외래어표기법을 따라 표기했습니다.

첫번째 강의

예측불능의 시대와 창조적 진화

첫번째 강의

예측불능의 시대와 창조적 진화

몸에 대한 『동의보감』의 시선

이번 강의에서는 팬데믹 시대에 『동의보감』을 어떻게 읽을 것인지에 대해 살펴보는 시간을 가지려 합니다. 세 개의 주제로 나누어 살펴볼 텐데요. 첫번째 시간에는 '예측불능의 시대와 창조적 진화', 두번째 시간에는 '『동의보감』에 숨겨진 무위의 통치술', 그다음에 '양생과 치유의 실천들', 이렇게 나누어 살펴보려고 합니다.

『동의보감』은 아무래도 몸과 관련된 내용이니까, 『동의보감』의 시선에서 몸을 어떻게 보고 있는지를 먼저 살펴보도록 하겠습니다. 『동의보감』에서는 몸을 정(情)·기(氣)·신(神)의 총체적 연결체라고 이야기를 합니다. 정·기·신이라는 말이 생소하실 수도 있는데요. 간단히 말해 정은 육체, 기는 자연, 신은 마음, 이렇게 이야기할 수 있습니다. 그러니까 몸을 단순히 물질적인 육체로만 보는 게 아니라, 그 안에 정신도 있고 자연도 있다는 겁니다. 몸 밖에 마음을 따로 설정하지 않고 정신과 육체를 한꺼번에 '몸'이라고 놓는 건 서양의학과 다른 시각이죠. 더 흥미로운 것은 몸 안에 자연을 포함시켰다는 거예요. 이게 참 재미있는 생각인데요. '기'를 자연이라고 했는데, 이때 '자연'은 우리가 아는 자연, 즉 나무나 풀, 돌, 이런 것들을 포함해서, 존재가 만나고 상응하는 모든 외부 대상을 말합니다. 이런 자연까지가 몸이라고 설정을 하는 거예요.

그러니까 바깥 세상의 모든 것, 예를 들어 친구들, 내가 있는 공간의 분위기, 공기, 이 모든 것이 내 몸의 영역으로 들어오게 된다는 겁니다. '나'는 이런 식으로 존재한다는 거예요. 생각해 보면 외부 자연과 동떨어진, 세계와 동떨어진 그런 존재는 있을 수 없습니다. 우리가 혼자 방에 앉아 있을 때도 의자에 앉아 있고 벽을 마주하고 있죠. 잠을 잘 때도 베개와 이불, 방이라는 공간과 항상 상응을 하고 있습니다. 요컨대 독립적으로 존재하는 몸은 없습니다. 이게 자연스러운 것이죠. 우리의 몸속을 들여다보더라도 장에만, 우리 몸을 이루는 세포의 몇 배 정도 되는 세균이 살고 있다고 하죠. 그런데 그 세균이 내가 아니라고 이야기하기는 어렵다는 겁니다. 왜냐하면 그 세균들이 없으면 우리는 죽기 때문입니다. 그 세균이라는 타자와 함께 몸을 이루고 살아가고 있다고 이야기할 수 있겠죠.

다시 정리하자면 몸은 자연과 함께 정의된다는 거예요. 그리고 몸이 이 자연(세계)과 함께 정의된다는 거는 우리의 몸만 고정시켜 놓고 볼 수가 없다는 말입니다. 몸은 시공간과 함께 흐르고 있는 거죠. 이건 현대의학의 관점에서 보는 해부학적 몸과는 다른 개념입니다. 해부학적 몸은 삶과 떨어져 있는 죽은 신체를 다루는 거잖아요. 하지만 『동의보감』은 변화하는 몸, 흐르는 몸을 사유한다는 거예요. 이렇게 '흐름의 총체적인 연결체를 사유하는 것', 혹은 고정된 사물에 대한 분석이 아니라 사물들의 연결성을 직관

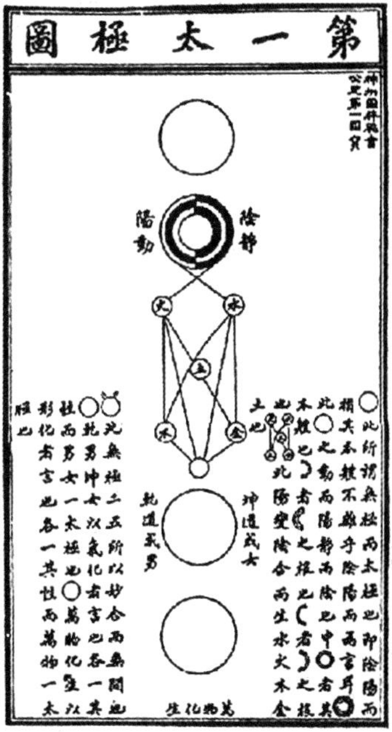

제일태극도

퇴계 이황의『성학십도』(聖學十圖)에 실린 '제일태극도'. 성리학의 근본 원리를 담고 있는 도식이다. 하지만 무극에서 시작되는 이 도식은 도가적인 영향을 또한 반영하고 있는 것으로 평가되는데, 유가와 도가라는 구분을 넘어 자연에 대한 유동적인 사유는 공통의 기반을 형성하고 있었다고 볼 수 있다.『동의보감』역시 유불도 삼교회통의 대표적인 사례로 유동적 사유의 집대성이라고 평가할 수 있다.

에 의해서 탐구하는 것을 앞으론 '유동적 지성'이라고 부르겠습니다.

서양의학, 분석적 지성

유동적 지성의 반대편에 '분석'이 있습니다. 분석은 총체성 혹은 유동성의 반대입니다. 서양의학은 분석적입니다. 분류하고 나누어서 본다는 것인데, 그렇게 해서 세포 단위까지 쪼개서 보게 되는 거죠. 그래서 현대의학에서 병에 걸렸다는 것은 어떤 국소 부위에 문제가 있다는 걸 뜻합니다. 그래서 배가 아프다고 하면 내시경을 몸속에 넣어서 소화성 궤양을 발견하거나 하는 거죠. 의사들이 빨갛게 부었다고 하죠. 그럼 거기에 염증 반응이 있는 겁니다. 그러면 붓고, 아프고, 빨갛게 되고, 이런 특징들이 보이는 거죠. 화학적으로 그 부위가 변한 거예요. 그래서 증상을 완화하는 화학성분을 다시 약으로 먹는 거죠. 컨디션이 좋지 않다고 말해도 크게 개의치 않습니다. 현대의학은 어느 부위, 어느 세포, 이렇게 문제점을 찾아서 분석해 들어가는 것이 더 중요하니까요.

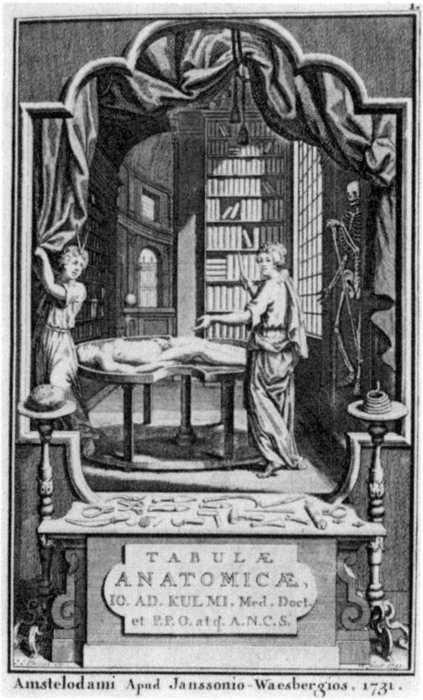

해부, 서양 현대의학의 시작

1731년 암스테르담에서 그려진 인체해부 장면. 분류하고 나누어 보려는 서양의학의 분석적 사유는 오늘날에 이르러 세포 단위로 쪼개어 병의 원인을 찾는 데까지 이르렀다.

현대의학은 이런 특징이 있는데요. 이러한 특징을 이야기하면서 현대의학의 아버지라고도 하는 데카르트(René Descartes)를 빼놓을 수 없습니다. 사실 데카르트는 근대를 연 철학자로 유명한데요. 왜 그를 '현대의학의 아버지'라고 했을까요? 데카르트는 몸과 마음과 신이라는 세 개의 '실체'를 상정합니다. 여기서 '실체'는 '어떤 것에도 의존하지 않고 스스로 원인이 되는 걸' 의미합니다. 어떤 것에도 의존하지 않는 것을 '인과적 자족성'이라 하는데요. 데카르트 이론의 논리에 따라 몸과 마음을 실체라고 하면, 곧 몸이 어디에도 의존하지 않고 존재한다는 것이고, 마음 역시 마찬가지라는 겁니다.

그런데 이게 말이 안 되죠. 내가 몸을 쓴다는 것은 정신의 영향이 없이는 불가능하니까요. 말하고 움직이고 하는 것이 모두 정신의 영향인 거죠. 반대로 몸의 습관에 따라 정신이 영향을 받기도 합니다. 담배나 술을 끊기 힘든 것도 습관이 정신에 미치는 영향을 잘 보여 줍니다. 그러니까 몸과 정신은 서로 영향을 주고받는다고 봐야겠죠. 스트레스가 많이 쌓이면 몸이 아프고, 반대로 몸이 아프면 정신적으로도

르네 데카르트

근대 철학의 문을 연 데카르트는 몸과 마음을 분리하여 몸에 대한 적극적인 탐구를 가능하게 했다는 점에서 근대적인 의학의 장을 열었다고 평가받기도 한다.

타격을 받습니다. 이렇게 연결되어 있는데 몸과 마음을 각각의 실체라고 규정하는 것이 말이 안 되니까 데카르트는 이 연결을 위해서 '송과선'(松果腺)이라는 기관을 개념적으로 만들어 내기도 합니다. 그런 식으로 몸과 정신을 연결하는 기관을 설정하려 하는데 송과선 역시도 물질이잖아요. 그것이 또 어떻게 정신과 연결이 되는지 설명이 잘 안 됩니다. 데카르트는 근대를 열었지만 이런 이원론적 모순 때문에 그 이후의 학자들한테 다시 극복의 대상이 된 거예요. 예를 들어, 스피노자(Baruch Spinoza) 같은 사람은 이 이원론을 일원론으로 만들어서 균열을 메우려 노력을 하기도 합니다.

어쨌든 현대의학은 데카르트가 마음과 몸을 분리한 것에 기반해서 몸을 아주 적극적으로 탐구할 수 있게 된 겁니다. 왜냐하면 그 전에는 마음이 몸에 있다고 생각을 했거든요. 심장에 영혼이 들어 있다거나, 이런 식으로 생각을 했습니다. 그런데 이런 것들이 분리가 되니까 몸은 적극적인 수술의 대상, 해부의 대상, 분석의 대상이 되는 겁니다. 그래서 인류의 혁명적인 의술을 만들어 낸 거죠. 우리는 이런 현대의학의 세례를 받고 있고, 정말 세포 단위, 유전자 단위까지 들어가는 분석 능력 덕분에 심각한 질병도 치료할 수 있게 되었습니다.

그런데 다른 한편으로 이렇게 분석하는 사고방식은 태생적 한계를 가지고 있기도 합니다. 총체적인 것이 결여되어 있다는 한계가 있는 건데요. 그래서 이런 사고방식을 '유동적 지성'과 구분해서 '분석적 지성'이라 부릅니다. 우리가 일상을 살거나 존재와 세계를 관찰하거나 할 때 항상 이 두 방향이 함께 있습니다. 아주 엄밀한 분석의학이나 분석적인 과학을 연구하는 분들이 종교를 갖고 있기도 하죠. 과학이 어떤 것이든 설명할 수 있다? 그렇진 않거든요. 총체적으로 볼 수 있는 유동적 지성이 사람에겐 반드시 필요하다는 겁니다.

유동적 지성과 분석적 지성의 조화

이 유동적 지성이 어떻게 탄생했는지를 나카자와 신이치(中沢新一)라는 일본의 인류학자가 밝히고 있는데요. 나카자와 신이치는 네안데르탈인과 현생인류인 호모사피엔스사피엔스를 비교하면서 유동적 지성의 탄생에 관해 이야기를 합니다. 사실 네안데르탈인은 현생인류와 크게 다르지 않다고 합니다. 어떤 학자는 모자 씌우고 양복 입히면 지금 현대인과 구분하기 어려울 거라고도 하거든요. 뇌 용량도 거의 비슷하거나, 네안데르탈인이 더 클 수도 있다고까지 합니다. 그런데 현생인류, 즉 호모사피엔스사피엔스와 다른 점이 있다는 거예요. 네안데르탈인은 분별적 지식, 분석적 지식만을 가지고 있었다는 겁니다. 무엇인가를 나누고 분별할 수 있는 능력을 가지고 있었다는 것인데, 이건 굉장히 중요한 생존 능력이었겠죠. 맹수와 사냥감을 구분하고, 독초와 먹을 수 있는 풀을 분별해 낼 수 있어야 했으니까요.

그런데 현생인류의 뇌에는 네안데르탈인에게는 없는, 서로 다른 것끼리의 심층에 깔린 어떤 유동적 동질성을 파악하는 능력이 생겼다는 겁니다. 그러면서 상징 같은 것을 만들어 낼 수 있게 되었다고 하고요. 가령 '곰이 우리들의 조상이다', 이렇게 압축, 치환을 해서 어떤 상징성을 만들어 놓는 거예요. 그래서 곰을 잡아서 그냥 막 먹는 게 아니라, 우리의 조상

라스코 동굴벽화

구석기인들이 그린 동굴벽화들은 아마도 주술적인 의미를 가지고 있었을 것으로 추정된다. 이렇게 압축과 치환을 통해 이루어지는 상징화의 능력이 바로 유동적 지성의 뿌리라고 할 수 있을 것이다.

이었다는 예의를 갖추기도 하고 그러는 거죠. 그렇게 윤리가 생겼다는 겁니다. 이렇게 다르지만 같은 어떤 심연의 연결성이 존재한다는 것을 아는 것을 유동적 지성이라고 할 수 있습니다.

이런 유동성은 다른 말로 '대칭성'이라고도 할 수 있는데요. 데칼코마니 같은 거죠. 비대칭적 사유는 조금 전에 이야기했던 분석적 지성이고요. 이렇게 대칭적 사유랑 비대칭적 사유가 같이 어우러져 있어야 되는데, 인류의 문명이 발달하면서 비대칭적 사유, 그러니까 분석적 사유가 조금 더 강해지고, 그 쪽으로 치우치게 되었다는 거예요. 사실 그렇습니다. 오늘날 많은 사회를 지배하고 있는 학문들이 전부 다 분석의 합리론을 바탕으로 하는 것이니까요. 하지만 여전히 신화라든지 소설이라든지 합리론으로는 완벽하게 설명할 수 없는 영역들이 존재합니다. 일상에서 경험하는 징크스 같은 것들도 분석으로는 도저히 포착할 수 없는 것들이고요. 그런 것들이 여러 방식으로 남아 있습니다.

나카자와 신이치는 이런 유동적 지성을 인류학적 관점에서 접근했는데요. 일신교와 국가가 출현하면서 유동적 지성이 억압되었다고 설명합니다. 이건 조금만 생각해 봐도 왜 그런지 알 수 있어요. 일신교는 하나의 신만을 섬기는 것이니까, 다른 신은 배척하게 되죠. 분별의 마음이 생기는 겁니다. 유동적 지성은 경계 간의 담을 허물고 이질적인 것들끼리 서로 연결시키는 것인데, 하나의 본질을 추구하는 사유나 일신교 같은 경우에는 경계와 분할이 명료해지고 거기서 배제의 논리가 생기는 겁니다. 국가도 비슷한 맥락이에요. 국가가 탄생하면서 분산되어 있던 힘이 국가권력이라는 막강한 힘으로 집중됩니다. 힘의 균형이 무너지는 거죠. 지배자와 피지배자가 명확하게 나뉘고 문명과 야만이 분리되죠. 그리고 이런 이분법적이고 비대칭적인 조건들이 대칭적 지성, 즉 유동적 지성을 억압합니다. 비대칭적 사유와 대칭적 사유가 적절하게 섞여야 되는데, 인류는 비대칭적인 사유를 비대하게 키워 온 거죠. 신이치는 이런 불균형이 인류의 불행을 초래한다고 진단하고 있어요. 그래서 오늘날 대칭적 사유 혹은 유동적 지성이 상대적으로 더 필요하다고 주장합니다.

이제 다시 『동의보감』으로 돌아와 보겠습니다.

『동의보감』의 사상은 지금까지 설명한 유동적 지성을 바탕으로 합니다. 거기에 분석적 지성이 보조적으로 결합되어 있어요. 그리고 또 재미있는 것은 이 유동적 지성을 해석하는 특별한 장치가 있다는 겁니다. 그냥 연결되어 있다고 주장하는 것이 아니라, 그렇게 연결할 수 있는 원리를 갖고 있는 것이 동양의학의 유동적 지성의 특징이거든요. 예컨대 동양의 유동적 지성은 음양오행이라든지, 역학이라든지 이런 장치들을 공통분모로 갖고 있어요. 이렇게 『동의보감』의 몸의 원리가 세상의 원리와 학문적으로 연결이 되는 겁니다. 그러니까 이런 식의 사유는 비대칭적 논리를 가지고 있는 분석의학에서는 다루기가 어렵습니다. '신장의 비뇨계 시스템의 철학적 의미' 같은 것은 생각하기가 어려운데요. 한의학에서는 신장을 수(水)라고 봅니다. 수는 두려움, 또는 겨울, 유동적 흐름, 심연 이런 개념들과도 연결이 된다고 보는 거고요. 이런 식으로 개인의 삶의 영역부터 정치, 사회, 경제, 문화까지도 포섭할 수 있는 어떤 유동적 지성의 원리가 있다는 거예요.

그러니까 그냥 직관적으로 뭘 아는 게 아니라 원

오행의 개념과 배속

	목(木)	화(火)	토(土)	금(金)	수(水)
물상의 특성	곡직(曲直)	염상(炎上)	가색(稼穡), 매개	종혁(從革)	윤하(潤下)
계절(1)	봄	여름	각 계절의 환절기	가을	겨울
계절(2)	봄~초여름	초여름~늦여름	늦여름~초가을 (장마철)	초가을~초겨울	초겨울~초봄
방위	동	남	중앙	서	북
색(色)	청(青)	적(赤)	황(黃)	백(白)	흑(黑)
초목의 성장	새싹	무성	성장의 멈춤	열매	씨앗, 발아
온도	온(溫)	열(熱)	평(平)	량(凉)	한(寒)
육기(六氣)	풍(風)	서(暑)/화(火)	습(濕)	조(燥)	한(寒)
조화	생(生)	장(長)	화(化)	수(收)	장(藏)
오덕(五德)	인(仁)	예(禮)	신(信)	의(義)	지(智)
천간(天干)	갑을(甲乙)	병정(丙丁)	무기(戊己)	경신(庚辛)	임계(壬癸)
지지(地支)	인묘(寅卯)	사오(巳午)	진술축미(辰戌丑未)	신유(申酉)	해자(亥子)

리가 있다는 것이 중요합니다. 예를 한 번 들어 보겠습니다. 오행은 '목화토금수'(木火土金水)인데요. 이 중에서 '목'은 계절로는 봄과 연결이 되고, 몸에서는 간과 연결이 됩니다. 또 분노나 풍(바람)을 상징하기도 하는데요. 이렇게 나무[木]라는 상징은 '나무'만을 뜻하는 기호가 아닙니다. 뻗어 나가고 발생하는 성질을 가진 것들을 이 '목'에 연결하는 거죠.

그래서 몸으로 오면, '목'은 간이나 풍(風)과 연결이 되는데요. 동양의학에서는 '제풍도현'(諸風掉眩)이라고 해서, 떨리는 건 뭐든지 풍이라고 봅니다. 감기도 풍한사(風寒邪)라고 하고요. 중풍 같은 것도 간 안에서 일어나는 내풍에 의해서 생긴다고 보고 있어요. 그걸 간풍내동(肝風內動)이라고 하는데, 그런 식으로 바람이라고 하는 생리적이지 않은 어떤 것과 간을 연결하는 거예요. 이런 것이 유동적 지성인데, 이게 그냥 단순히 직감적으로만 연결되는 게 아니라는 겁니다. 주술적인 게 아니라, 원리적으로 설명할 수 있다는 것이 재미있죠.

예측불능의 시대

그런데 지금 분석적 지성으로는 포착할 수 없는 예측불능의 시대가 도래했습니다. 지금은 코로나가 모든 것을 멈춰 세운 시대잖아요. 물론 코로나에 여러 가지 의미들이 있지만, 기본적으로는 전염병이잖아요. 이렇게 팬데믹이라고 부를 수 있는 심각한 전염병들이 역사적으로 있어 왔죠. 페스트 같은 병은 아주 심각했습니다. 유럽인구의 2/3가 죽었고요. 1900년대 초, 제1차 세계대전 때 많이 퍼졌던 스페인 독감도 아주 심각한 팬데믹 상황을 일으켰고요. 최근에도 사스나 메르스 같은 치명적인 전염병들이 있었는데, 그 주기가 점점 빨라지고 있죠. 전염병은 이렇게 계속됩니다.

우리가 아무리 노력을 해도 미생물의 속도를 따라잡을 수가 없어요. 항생제를 만들고, 백신을 만들고 하지만, 바이러스는 또 변종이 생겨납니다. 슈퍼박테리아가 나오고요. 지금 유행하고 있는 코로나 바이러스도 변종인 거잖아요. 특히 RNA바이러스는 변종이 잘 되거든요. 그런데 우리에게는 백신 만들 시간이 필요하잖아요. 이렇게 열심히 백신을 다 만들고 나면 다른 질병이 오지 않을 거라고 보장을 못 하죠? 또 올 수 있다는 것이고, 이런 식으로 항상, 항생제나 백신이 미생물을 뒤따라가는 식이 되는 겁니다.

아무리 의학이 고도로 발달을 하고, 국가나 제도가 잘 돌아가더라도 미생물이 변이하는 속도를 앞서가진 못합니다. 우리는 보통 국가나 생체권력이 우리의 생명을 보장해 줄 거라고 생각을 하죠. 여기서 생체권력에 대해서 간단히 설명하고 넘어갈 텐데요. 자본주의가 생겨나기 전에는 전제군주의 권력이 있었죠. 그런데 자본주의가 시작되면서 노동력이 필요해집니다. 그래서 국민들의 건강을 지키고 인구 안정성을 도모하는 것이 중요한 문제가 됩니다. 이때 인구를 관리하고 건강, 복지 같은 걸 관리하는 권력이 등장하는데요. 이를 생체권력이라고 합니다. 우리도 지금 생체권력 안에서 살고 있는 거죠.

그런데 코로나라는 아무도 예측할 수 없는 일이 벌어졌습니다. 코로나바이러스는 국경을 훌쩍 넘어서 계속해서 퍼져 갔고 사람들의 활동이 최소화될 수밖에 없었죠. 보건도 문제지만 경제도 손을 쓸 수가

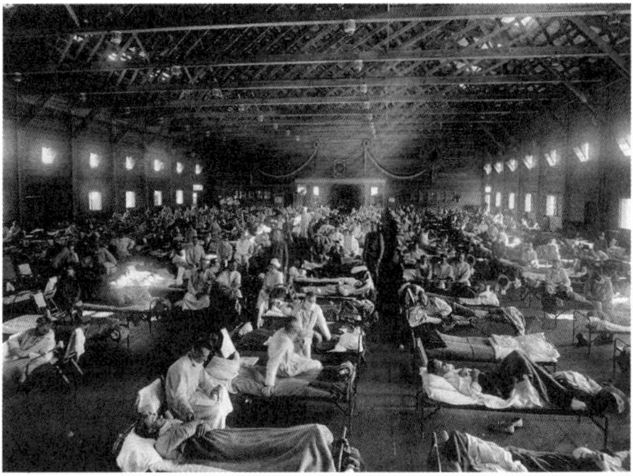

스페인 독감

1918년 미국 캔자스주 포트레일리의 캠프 펀스턴(Camp Funston)에 스페인 독감에 걸린 군인들이 수용되어 있다. 이렇게 팬데믹은 항상 인류와 함께해 왔지만 점점 더 자주, 점점 더 전지구적으로 벌어지고 있다.

없었습니다. 수요, 공급, 소비, 수출이 한꺼번에 붕괴되는 초유의 사태가 벌어졌거든요. 어떤 생체권력도 이 사태를 안정화시키지 못했어요. 그러니까 붕괴가 계속 일어나는 거죠. 이런 예측불능의 세계가 도래하고서야, 원래 세계는 예측 불가능하다는 걸 알게 된 겁니다. 자연의 힘은 국가와 제도, 생체권력에 비해 어마어마합니다. 사실 우리가 미세먼지를 없애려고 그렇게 노력을 했는데 잘 안 되잖아요. 그런데 코로나가 퍼지면서 미세먼지가 자연스럽게 약해지지 않았습니까.

요는 전염병은 계속된다는 겁니다. 그런데 자본주의의 팽창에 따라 전염병의 양상이 조금 달라집니다. 한번 보세요. 자본주의의 욕망은 1인당 소비량을 증가시키죠. 인구도 늘었지만, 한 사람이 소비하는 양이 예전에 비해 엄청나게 늘고 있습니다. 또 욕망은 욕망을 낳죠. 무언가를 계속 사야만 하는 시대입니다. 그래서 야생의 영역과 문명이라고 하는 영역 사이에 완충지대가 점점 사라집니다. 인간의 욕망이 이 영역을 서서히 파먹어요. 그렇게 인간이 야생동물과 접촉할 수 있는 기회가 많아지죠. 그럼 야생동물에 있던 미생물이 우리한테 들어오기도 하고 그러겠지요. 처음에는 들어와서 잘 못 살아요. 그런데 이 미생물들이 점점 적응을 하고 변이를 합니다. 그래서 처음에는 별 게 아니었는데, 점점 더 전파력이 세지거나 치명률이 높아지게 되는 거죠.

꼭 야생동물과의 관계뿐만 아니라, 집약적 축산에서도 문제가 생기는데요. 정말 닭을 키우는 걸 보면 말도 못하죠. 잘 움직이지도 못하고 좁은 공간에 갇혀서 살다 보니, 스트레스를 많이 받겠죠? 이런 환경에서는 동물들의 면역력이 약해집니다. 이렇게 취약한 숙주에서는 독성을 가진 바이러스가 계속 진화할 수 있는 겁니다. 생산성 향상을 위해서 다양성을 줄이는 것도 문제입니다. 다양한 품종이 제거되고 생산량이 높은 품종만 사육되거든요. 이런 품종 개량 때문에 유전자 풀(pool)이 제한됩니다. 그러면 면역력이 미치는 범위도 줄어들게 됩니다. 변이 바이러스에 취약하게 된다는 거죠. 그렇게 되면 인간과의 교차 감염 가능성도 증가하는 겁니다. 또 지구 온난화도 문제가 많죠. 기후뿐만 아니라 전염병이라는 차원에서도 지구 온난화는 중요한데요. 예를 들면, 시베리아나 알래스카에는 '영구동토층'이라는 게 있어요. '영원히 녹지 않는 얼어붙은 땅'이라는 뜻이겠죠. 그런데 그 영구동토층 안에는 순록이나 온갖 동물의 사체들도 있는데, 온난화로 그게 녹기 시작합니다. 그래서 얼마 전에 거기서 옛날에 묻혔던 순록이 나왔어요. 그리고 그걸 만진 애가 탄저병에 걸렸다고 하고요. 또 그 영구동토층 안에 메탄가스도 있어서 더더욱 온난화가 심해지죠.

말라리아를 옮기는 모기도 지구 온난화에 의해 점점 북쪽으로 올라오고 있습니다. 바이러스나 박테리아 같은 미생물들의 변종이 계속해서 출현할 수밖에 없는 환경이 되고 있기도 합니다. 또 어떤 생리학자는 이런 얘기도 합니다. 온도가 높아지면 벌레가 많아지잖아요. 그러면 쌀이나 밀처럼 식량이 되는 식물들이 해충에 저항하기 위해서 자체 독소를 갖게 될 수 있다는 겁니다. 그럼 사람이 먹지 못하게 되고, 어마어마한 기아 상태가 일어날 수도 있겠죠. 이렇게 예측할 수 없는 상황으로 흘러가고 있습니다. 전염병들이 단적인 예죠. 메르스, 신종플루, 코로나까지, 대규모 전염병이 발생하는 주기가 계속 빨라지는 듯합니다. 어떤 학자는 일 년마다 한 번씩 올 수도 있다고 이야기를 하기도 합니다.

이런 사태에 직면해서 이제는 우리가 생각을 해 봐야 합니다. 코로나나 전염병이 닥치면 많은 전문가들이 분석을 합니다. 경제, 정치, 사회, 문화, 심리 등등, 여러 분야의 전문가가 상황을 진단하는데요. 하지만 이제는 이렇게 분리해서 생각해서는 안 된다는 겁니다. 정치는 정치대로 경제는 경제대로 대책을 마련해서는 안 먹히는 거죠. 가령 경제를 살리려면 거리두기를 하지 말아야 되는데, 방역 때문에 거리두기를 해야 되고…, 이런 딜레마에 부딪힐 수밖에 없도록 세상이 엮여 있는 거예요. 그래서 이제는 어쩔 수 없이 총체적인 사유를 할 수밖에 없는 시대가 온 겁니다. 분석으로 예측할 수 있는 시대가 아닌 거죠. 그리고 이럴 때 필요한 것이 유동적 지성이라고 생각합니다.

유동적 지성의 도구들, 그리고 창조적 진화

요약하자면 분석적 지성을 가지고 쪼개서 해석해서

는 타개할 수 없는 총체적 난국에 우리가 처해 있다는 것이고, 바로 이때 유동적 지성이 필요하다는 거죠. 그런데 이 유동적 지성이 하나의 툴을 가지고 있어야 사이비 도사가 나오지 않습니다. 직감에 의존해서, 자연과 삶의 오묘함에 감탄해 봐야 제대로 된 사유가 나오기는 힘듭니다. 그리고 툴을 확보했더라도 막 사용하는 게 아니라 인문학적이고 자기 반성적 사유를 품고 있어야 합니다. 예를 들어 『동의보감』에 깔려 있는 상관적 사유구조가 유용하게 사용할 수 있는 툴이라고 할 수 있습니다.

예를 들어 볼까요. 가령 '지구가 너무 아프다', 이런 은유적인 표현도 유동적 지성이라고 할 수 있습니다. 이런 직관 혹은 감정이 학문의 영역은 아니잖아요. 그런데 이걸 『동의보감』이라는 툴을 이용해서 학문의 영역으로 갖고 온다는 거예요. 간단히 이야기해 보면, 자본주의의 양적 팽창을 한의학적으로는 과로랑 연결을 합니다. 왜냐하면 과로도 양기를 너무 많이 쓰고, 그것이 다시 음기를 소모하고…. 이런 식으로 설명을 할 수 있거든요. 몸의 패턴이랑 연결해 보는 거죠. 몸으로 비유해 보면, 지구의 증상은 과

로로 인한 정기고갈이라고 할 수 있습니다. 한의학적으로는 정기가 고갈이 되면 내상, 즉 내 안에서 병이 생기거나 '외사'(外邪)가 쉽게 침입을 해요. 면역력이 약하면 감기에 잘 걸리잖아요. 그러면 쉬어야죠? 휴식을 취해야 정기가 보충이 됩니다. 이런 식으로 살다가는 돌연사 하겠구나라는 생각을 하고, 당연히 생활 패턴을 바꾸어야 하겠죠.

다른 예로 자본주의에 대해서도 살펴볼까요. 음과 양이라는 관점에서 보면, 자본주의는 양의 방향으로 급속도로 팽창을 해왔죠. 그런데, 양극생음(陽極生陰), 즉 양이 극에 이르면 음으로 전환한다는 원리에 의해서 언젠가는 팽창의 경로에서 내려가야 합니다. 이미 내려가고 있는 시점일 수도 있고요. 이게 극복되면 더 올라갈 것 같지만 그게 아닐 수도 있다는, 이런 생각들을 한 번 해볼 필요가 있다는 거예요.

그런데 분석의 분과학을 가지고는 이런 생각을 하기가 어렵습니다. 우리가 직감적으로 자본주의의 수명이 다한 게 아닌가라고 이야기하지만, 이게 학문의 영역에서 다루어지진 않는 겁니다. 그걸 유동적 지성으로 다뤄 보자는 거죠. 예컨대 우리가 자본주의에서 얼마나 번아웃 상태로 살고 있는지를 돌아보자는 겁니다. 과학 발달에 의해서 편리한 세계가 되었는데, 노동량은 줄지를 않죠? 오히려 옛날의 노예들보다 더 많이 노동하는 것 같아요. 대기업에서 일하는 사람들을 보면, 정말 새벽에 출근해서 밤 11시에 나오는 것도 많이 볼 수 있죠. 그렇게 해서 얻을 수 있는 게 무엇일까요? 금전적인 보상이 있을 테고, 자기계발도 될 테고, 사회적 명성을 얻을 수도 있겠지요.

하지만 얻는 것만큼 잃는 것도 크다는 걸 알아야 합니다. 우선 몸이 축날 테죠. 육체적 정신적 피로와 스트레스가 쌓이면 아무래도 건강에 문제가 생길 가능성이 높죠. 수명에도 문제가 생길 테고. 한의학에서는 정(精)이 고갈된다고 표현합니다. 더 중요한 건 존재에 대해 탐구하고 세상에 대해 궁리하고, 그럴 시간이 없다는 게 아닐까요. 시스템 안에 갇혀서 시간과 다른 기회를 저당잡혀 있으니 시야가 좁아진다는 단점도 있겠죠. 어떤 것을 더 중요하게 여기는지는 개인의 몫이겠지만, 무엇을 선택하건 분석적 지성으로는 가늠할 수 없는 어떤 인과들도 함께 도래한다는 것을 말씀드리고 싶은 겁니다. 예측할 수 없는 기

기후위기에 대한 직접행동

2017년 독일의 케르펜에서 벌어진 환경단체 엔데 겔렌데(Ende Gelände)의 시위 모습. "기후의 변화가 아닌 시스템의 변화"(System Change, not Climate Change)라는 내용의 플래카드를 들고 행진하고 있다.

회비용이랄까요.

이렇게 나의 몸과 마음, 그리고 내가 만나는 세상을 통째로 인식할 수 있어야 하는 겁니다. 이런 틀 속에서 지금 우리가 당면하고 있는 코로나 사태도 살펴볼 필요가 있다는 거죠. 우리가 어떻게 살아왔는지, 자본주의 시스템이 어떻게 팽창하고 유지되어 왔는지, 코로나가 없어지면 다시 이 자본주의의 팽창 시스템 안으로 돌아가야 하는 것인지, 고민을 해야 한다는 거죠. 물론 생존도 중요하고, 경제가 다시 활기를 띠고 돌아가는 것도 중요합니다. 하지만 조금 더 깊이 들어가서 이런 시스템이 과연 우리에게 좋은 시스템인가를 고민해 볼 필요도 있는 거예요.

그러면 이제 '조금 쉬어야겠다', '이런 식으로 열심히 팽창만 하는 식이어서는 안 되겠다'라는 고민이 지금 상황과 맞물려서 새롭게 진화를 하게 된다는 겁니다. '진화'라고 말씀드렸는데, 진화 혹은 변화는 수동적이기만 해도 안 되고, 내가 자연을 바꾼다고 생각하는 것도 오만한 거예요. 세상 전체가 대우주라면, 나는 하나의 소우주인 겁니다. 이게 서로 대등한 관계에 있는 거고요. 보통 우리는 우리가 대우주를 구성하는 하나의 부속품이라고 생각하는데, 그게 아닙니다. 소우주도 사이즈만 작을 뿐이지 대우주의 모든 구성체계가 다 갖춰져 있습니다. 그래서 대우주가 변화의 주체라면 나라는 소우주도 변화의 주체인 겁니다. 대우주와 시간의 힘에 수동적으로 끌려가서만도 안 되고, 내가 세상을 바꾸겠다고 하는 것도 되게 위험한 생각이에요. 변화의 주체로서 서로 주거니 받거니 해야 되거든요.

지금 세계가 먼저 손을 내밀었죠. 지구를 하나의 생명체로 보는 가이아 이론 식으로 이야기를 하자면, 지금 지구가 아프고 힘들어서 바이러스도 창궐하고 그러는 거죠. 인구가 너무 많아서 지구가 아픈 겁니다. 지금 우리나라는 경제학적인 측면에서 인구가 적다고 이야기하고 있지만, 사실 생태계 피라미드라는 관점에서 보면 이야기가 다르죠. 그 피라미드의 제일 위에 우리 인간이 있잖아요. 그러면 개체 수가 가장 적어야 하는 겁니다. 사자보다도 적어야 하는데, 인구가 너무 많죠. 먹이피라미드로 보는 생태계 평형이론으로 보면 그렇다는 거죠. 이렇게 많은 인구를 유지하면서 자연을 지배할 수 있다고 보는 것은 굉장히 오만한 것이고요. 그렇기 때문에 우리가 설거지물을 줄이고, 페트병 조금 쓰고, 이런 노력을 하는 건데요. 이런 노력들도 중요하지만, 그와 동시에 인류의 삶에 대한 전체적인 진단, 유동적 지성에 기반한 진단이 필요하다는 거예요.

유동적 지성은 지금의 시대 환경에 맞는 생활 패턴, 혹은 '창조적 진화'를 요구하는 것일지도 모르겠습니다. 보통 진화는 적자생존에 의해 이루어지는 기계론적인 것으로 여겨지는데요. 창조적으로 진화할 수 있다는 말입니다. 바로 앞에서 말씀드렸듯이 나라는 소우주가 대우주와 주고받으면서 말이죠. 사실 '창조적 진화'라는 말은 베르그손(Henri Bergson)이라는 철학자의 개념이고, 책의 제목이기도 하거든요. 베르그손에게 '창조'는 고정된 물질성으로부터 저항하는 것이고, 질적 차이를 만들며 우발적으로 변화하는 겁니다. 그는 생명 역시 늘 비결정적이고 예측할 수 없는 방향으로 진화한다고 이야기합니다. 그러니까 그에게는 생명의 이런 질적 변화가 창조적 진화인 거죠. 베르그손에 대해서는 나중에 시간이 나면 좀더 말씀드리기로 하고요. 일단은 이 '창조적 진화'

앙리 베르그손

베르그손은 적자생존이라는 원리에 따라 기계적으로 이루어지는 진화가 아니라, 동적이고 예측할 수 없는 생명 내부의 힘에 의해 이루어지는 '창조적 진화'를 이야기한다.

라는 키워드로 이야기를 좀더 이어 나가 보겠습니다.

구심력과 원심력, 생명의 두 가지 힘

생명에는 두 가지 힘이 있어요. 구심력과 원심력이 그것인데요. 태양 주위를 지구가 돌잖아요, 이렇게 벗어나지도 않고 안으로 끌려가지도 않고 돌 수 있는 이유가 구심력과 원심력이 평형을 이루기 때문이죠. 구심력은 안으로 들어가려는 힘이고, 원심력은 바깥으로 나가려는 힘이잖아요. 생명에는 이 두 가지 힘이 같이 있다는 거예요. 구심력은 외부 힘에 대항하여 안정성을 유지하려는 힘이고, 원심력은 안정성을 깨고 창조적 역량을 발휘하려는 힘이죠. 이 두 가지가 생명적 본능입니다. 그런데 문명은 이 구심력의 작용이 사실 더 강합니다. 그래서 문명과 과학이 발달하면서 삶의 방식이 유목에서 정주의 방향으로 가고, 편리함과 안정을 추구하는 매뉴얼들이 만들어집니다. 이런 것들을 구심력이라고 할 수 있습니다.

그런데 안정성은 그대로 계속 유지되지 않아요. 우리 몸에서 안정이 오래 지속되면 이것을 파괴하려는 본능이 일어나게 됩니다. 그래서 먹고살 만한데도 끊임없이 전쟁과 약탈이 일어나는 거예요. 또 끊임없이 자기를 파괴하려는 중독 현상이 일어나기도 합니다. 심심한 걸 견딜 수가 없는 거죠. 마약, 도박 같은 중독 현상을 이렇게 설명할 수도 있는 거죠. 동물원의 동물들을 한 번 보죠. 사실 동물원의 동물들이 야생동물보다 수명이 더 깁니다. 삶이 안정적이죠. 이에 비해 야생에서는 하루하루가 정말 스트레스일 것 같아요. 왜냐하면 언제 포식자가 나를 덮치지 않을까 긴장해야죠. 이건 포식자도 마찬가지인데요. 사자도 다른 동물을 잡아먹으려면 최선을 다해야 합니다. 며칠 굶었어도 최선을 다해서 뛰어야 되고, 큰 동물 사냥하다가 뿔에 받혀서 다치기라도 하면, 그냥 생명이 끝나는 거거든요. 이런 위험 속에 있어요. 이런 것을 생각하면 동물원의 동물들이 훨씬 행복하고 평화롭게 살아야 될 것 같은데요. 이 동물들이 자해를 합니다. 시멘트 바닥에다 자기 발을 긁어서 상처를 내거나, 머리를 유리에 계속 부딪치기도 하고, 토한 걸 먹거나 한다는 겁니다. 이런 자해 행동이 왜 일어날까 고민을 해 봐야 하겠지요. 이건 생명의 두 가지 본능에서 하나를 억압했기 때문입니다. 자유, 위험함과 창조적 본능, 이런 원심력적인 것들을 억압한 결과입니다.

이런 걸 보면서 우리 인간도 고민을 해 볼 필요가 있습니다. 구심력을 발휘해서, 자꾸 안으로, 제도와 문명의 이기 안으로 들어가서 편리하게 살면 재밌고 행복할 것 같은데, 자꾸 죽고 싶은 생각이 드는 거죠. 더 살아 봐야 자유와 창조적 힘을 얻지 못할 것 같으니까 아예 흩어져 버리려는 몸의 무의식 같은 겁니다. 흩어져서 우리가 원래 있었던 바람이나 유기물로 돌아가니까 훨씬 더 자유롭겠죠? 이렇게 흩어지는 것이 원심력이잖아요. 이 원심력에 대한 욕망으로 죽고 싶다는 생각이 드는 거죠.

그래서 원심력과 구심력을 조화시키는 것이 필요합니다. 나카자와 신이치가 이야기한 것처럼 지금까지 우리는 분석적이고 비대칭적인 지성을 주로 강화시켜 왔습니다. 그것을 구심력이라고 말할 수 있겠죠. 그런데 이제는 대칭적이고 유동적인 지성이 필요하다는 겁니다. 이건 원심력에 해당합니다. 그런데 오늘날에는 이런 원심력도 구심력 안에서 작동합

Oh-Barcelona.com[https://www.flickr.com/]

Corinata[https://commons.wikimedia.org/]

동물원의 사자와 야생의 사자

잘 관리되는 동물원의 동물은 안정된 삶을 오랫동안 살아간다. 항상 긴장 속에서 살며 굶주리고 다칠 위험에 처해 있는 야생의 동물들보다 안락한 삶을 살아가는 것이다. 하지만 어떤 삶이 동물의 입장에서 더 행복한지는 쉽게 판단할 수 없는 문제일 듯하다.

니다. 창조적인 삶을 위한 온갖 매뉴얼들이 있어요. '이렇게 살아야 행복해'라고 하는 것들이 있습니다. 대학도 잘 나와야 되고, 대기업도 가야 되고. 요리도 백종원 레시피를 봐야 되고…. 뭐, 요리 레시피야 백종원 것을 봐도 됩니다만, '내가 어떻게 하면 행복할까', '어떤 가치로 살아야 될까'까지 유튜브나 SNS를 보고 따라하는 게 문제죠. 그런 존재론적인 질문까지도 남한테 맡겨 버리면 나의 생명력, 나의 창조적 에너지는 도대체 어디에 써야 할까요.

이런 것들이 그냥 창조력이 막히는 걸로 끝나는 것이 아니라, 몸의 질환으로 나타납니다. 이게 『동의보감』 순환론의 핵심이에요. 인간의 창발적 에너지는 한의학에서는 '상화'(相火)라고 이야기를 합니다. 상화는 신장, 간, 삼초, 이런 장부들에 저장되어 있습니다. 이런 에너지를 베르그손은 '엘랑비탈'(élan vital: 생명의 도약)이라고 이야기를 하거든요. 그러니까 생명의 진화를 촉발하는 근원적인 에너지라는 뜻입니다. '생명의 근원적 도약'(élan originel de la vie)이라고도 이야기를 합니다. 이 엘랑비탈이라는 말이 상화랑 연결되는 면이 있습니다. 이 상화의 힘을 어떻게 꺼낼 것인가, 거기에 전략과 정치적 통치술이 필요한 거예요.

그래서 『동의보감』에서는 몸을 하나의 국가에 비유합니다. 국가가 운영되려면 예산을 세우고 집행을 하고, 이런 관리의 과정이 필요하잖아요. 이걸 '자기배려'라고 부를 수도 있겠네요. 감정을 쓸 때도, 내가 감정을 어떻게 쓰는지, 어떻게 살아가는지 메타적으로 볼 수 있어야 된다는 거예요. 객관화시킬 수 있어야 하는 겁니다. 그래야 감정적으로 에너지를 여기저기 막 쓰는 게 아니라 전체적으로 관리를 할 수 있는 거죠. 국가의 예산을 집행할 때 한 군데에 몰아서 쓰고 그러면 안 되는 거잖아요. 그런 관리를 하는 것을 자기배려라고 합니다. 그런 통치력을 어떻게 발휘할 것인지를 다음 시간부터 본격적으로 살펴보도록 하겠습니다.

첫번째 강의 Q & A

Q 강의에서 분석적 지성을 서양의학과 연결하고, 유동적 지성을 『동의보감』과 연결하셨는데, 그렇다면 『동의보감』에 깔린 이런 동양의 유동적 지성은 누구에 의해 어떻게 시작되었나요?

A 1강에서 간과 분노와 풍을 연결해서 설명을 드렸는데요. 이게 동양학의 특징이거든요. 동양학은 연역과 귀납이 서로 중간에서 맞물립니다. 예를 들어 의학의 경우에도 음양오행이라는 연역적 이론이 있어요. 또 다른 한편으로는 데이터가 있습니다. 실질적으로 내가 무엇을 먹었더니 계속 아프더라, 힘을 어떻게 썼더니 어디가 아프더라, 어떤 풀을 먹었더니 좀 낫더라. 이런 데이터가 있다는 겁니다. 음양오행으로 대표되는 연역적인 원리와 경험적 데이터를 통해서 귀납된 원리들이 만나는 거죠.

데이터를 확보하고 그걸로 음양오행의 구체적인 이론을 수정 보완합니다. 그러다 보니 동양학의 연역적 이론은 논리가 성긴 면이 있어요. 논리가 촘촘하지 않고,

하나의 체계로 완성된 논리도 아닙니다. 귀납을 가지고 메워야 하는 연역인 거죠. 항상 이런 식으로 되어 있어요. 명리도 그런 면이 있고요. 이렇게 귀납과 영역이 적절하게 만나서 어우러지다 보니, 이게 분석적 사고를 하시는 분들한테는 조금 이상해 보이기도 합니다. 코에 걸었다가 귀에 걸었다가 하는 것 같잖아요.

그런데 사실 삶의 영역 자체가 이렇다고 생각을 합니다. 삶에서는 분석적 사고로는 도저히 설명할 수 없는 일들이 벌어집니다. 그래서 유동적 사고가 필요한 겁니다. 몸에 대한 관점도 다릅니다. 서양의학의 분석적 사고로는 몸과 마음을 연결하기가 어렵습니다. 왜냐면 몸도 마음도 카오스거든요. 고정된 물질성을 넘어서 있어요. 삶이 흐르는 것처럼 몸도 흐릅니다. 아무리 분자단위로 쪼개서 본다 해도, 우리 몸의 총체적인 감각, 지각, 사유, 감정들을 해석할 수가 없습니다. 오히려 분석적 디테일을 아우르는 종합과 직관이 중요합니다.

그래서 몸과 마음을 연결하기 위해서는 약간 애매한 수사적인 방식을 쓸 수밖에 없어요. 유동적 지성이 그때 필요한 거고요. 그런데 분석의학에서는 이런 관점을 빼 버리는 거죠. 그래서 몸 자체를 세포 단위로 분석하고, 화학식으로 약을 만들어서 투여해서 병을 낫게 하는 겁니다. 물론 이런 것도 중요한데, 때로는 화학식이 아닌 기운의 배치로서 생각해 볼 필요가 있습니다. 예를 들어서 마황이란 약재가 있는데, 이 마황은 감기에 먹는 약이거든요. 마황의 에페드린이란 성분이 유효성분으로 작용한다는 건데요. 이럴 때 서양의학에서는 마황 전체는 필요 없고, 에페드린만 추출해서 쓰면 된다고 생각을 하는 거죠. 그런데 동양의학에서는 마황이 가지고 있는 기운을 봅니다. 어디서 났는지, 무슨 색깔인지, 이런 걸 살피는데요. 파란색이니까 목(木) 기운을 가지고 있고, 그리고 안이 빈 빨대처럼 생겨서 땀을 낼 수 있다고 보는 겁니다. 이렇게 땀을 내는 방식으로 바깥에서 오는 외사를 물리칠 수 있다는 거고요. 이것을 서양에서는 백혈구가 면역반응을 일으키면서 생기는 현상이라고 설명하거든요. 이렇게 설명하는 문법 자체가 다른 거죠.

요는 이런 동아시아의 사유는 누가 처음 만들거나 하는 식으로 시작된 것이 아니라는 겁니다. 누군가가 연역과 귀납을 통해서 어떤 논리나 처방을 만들면, 이후에 다른 사람이 첨삭을 합니다. 그러니까 오리지널이라고 할 만한 것이 없죠. 예를 들어서 『상한론』(傷寒論)이라는 의서도 장중경(張仲景)이란 사람이 썼다고 하는데요. 오늘날의 학문적 윤리나 양심으로는 원문을 놔두고 거기에 주석을 달거나 해야 하잖아요. 그런데 이후의 학자들이 원문을 바꾸는 겁니다. 판본이 달라지는 거죠. 동양의 고전들이 대개 이런 과정을 겪었을 것입니다. 『도덕경』(道德經)의 경우 다른 판본들이 출토될 때마다 학술적인 변동이 있기도 하지요. 그러니까 이런 것이 서양식의 논리랑은 좀 다르죠. 시대를 거치면서 차츰차츰 만들어져 온 것이지, 누가 오리지널하게 한 번에 만든 것은 아니라는 거죠.

Q 원리는 경험적으로 증명되는 것인가요?

A 그렇습니다. 몇천 년 동안 자료가 쌓이고 통계적으로 검증되어서 유의미하다고 생각할 수 있겠지요. 또 그냥 귀납적인 원리가 아니라, 음양오행과 연결을 시켜서 설명을 하는데요. 때로는 이게 잘 안 맞는 경우가 있겠죠. 그럼, 음양오행의 어떤 것을 변형시킵니다. 논리를 바꿔서 어떻게든 맞추려고 한다는 거죠. 그래서 유동적인 거예요. 서양 논리학의 시작이라고도 할 수 있는 아리스토텔레스(Aristoteles)는 모순율을 이야기했죠. A는 ~A(not A)가 절대로 될 수 없다는 건데, 음양에서는 A가 ~A가 되기도 하고, 서로 뒤집히기도 하고 그러거든요. 그러니

까 패러다임 자체가 다른 겁니다. 한국어랑 영어가 문법이 다르잖아요. 마찬가지로 문법이 다르다는 거예요. 다른 언어에 능통해지면 새로운 세상이 열리듯이, 이런 문법들을 좀 알게 되면 재미도 있고, 세상이 다르게 보입니다.

Q 팬데믹으로 세상이 흔들리는 것 같지만, 여전히 자본주의의 흐름은 견고하게 느껴지는데요. 이를 극복하기 위해 시도해 볼 만한 실천적 방법은 무엇이 있을까요?

A 사실 자본주의는 우리가 벗어나기 어려운 견고한 틀이죠. 자본주의 안에서 살면서 그것을 떠날 수 없다는 점에서, 이 현실을 일단 받아들이는 것도 필요합니다. 하지만, 또 한편으로 자본주의를 바꾸고 극복하겠다는 생각도 필요합니다. 팬데믹이 와서 지금까지 자본주의의 방식으로 돌아가던 세계에 큰 위기가 온 거죠. 그럼 이렇게 팬데믹을 겪고 난 뒤에 자본이 어떤 방식으로 바뀌어야 되는가를 모두가 고민해야 한다는 겁니다. 자본주의는 태생적으로 팽창주의잖아요. 끝없는 자본의 축적이 자본주의 안에서는 윤리적으로 문제가 되지 않습니다. 이런 것에 대해 의심해 볼 필요가 있습니다.

그리고 이런 팬데믹의 시대일수록 창의력을 발휘할 가능성이 열리기도 합니다. 많은 사람들과 함께 무언가를 하는 것이 힘들어졌다고 해도 여전히 소소하게 사람들이 무엇을 해 나갈 수 있는 방법을 마련해야겠죠. 웹이나 비대면 소통의 도구들을 이용해서 삶의 창조성을 펼칠 수 있는 길을 찾아야 합니다. 백신만 기다릴 순 없잖아요. 생태권력이 그런 식으로 우리를 보호해 주지 못한다는 것도 분명해 보이고요.

나는 평생 대기업에서 일을 하겠다, 이렇게 인생의 목표를 설정하는 것도 자유겠지만, 나는 좀 더 창의력 있게 다른 삶을 살겠다고 할 수도 있다는 겁니다. 알바를 하고 남는 시간에는 공부를 하겠다, 그것도 삶의 자유인 거죠. 그런데 이렇게 소소하게 살아가더라도 이 창조적 에너지는 무언가를 만나야 합니다. 타자, 곧 낯선 것과 만나야 하는 거죠. 그래서 공부나 글쓰기가 중요하다고 계속 말씀드리고 있는 거고요. 특히 글쓰기가 쉽지 않잖아요. 자주 하는 일도 아닌 데다가, 고통스럽고, 글을 쓰려면 무언가를 읽어야 되고, 낯선 걸 만나야 하는 거죠.

꼭 공부가 아니더라도, 내가 내 힘으로 어떤 제도와 장치 없이도 세상과 만날 수 있는 일이 무엇일지를 고민해 봐야 합니다. 무엇을 창조할 것인가, 어떤 가치를 새롭게 만들어 낼 것이냐, 이런 질문에 답을 찾아야 하는데, 문제는 이런 것이 매뉴얼화되어 있는 것이 아니라, 스스로 찾아야 한다는 겁니다.

이런 내용은 다음 두 번의 강의에서 계속 말씀드릴 텐데요. 오늘 강의는 전제가 되는 관점에 대해서 말씀드린 거고요. 질문이 나온 김에 한 가지 더 말씀을 드리자면, 유동적 지성을 쓰거나 명리를 공부하거나 할 때 인문학적인 반성의 사유를 계속 함께 가지고 있어야 합니다. 공부를 해서 잘 활용하고 있더라도, '이게 사실 별 게 아니다'라는 감각이 있어야 합니다.

아무것도 아니라는 걸 알면서도 무엇을 해야 하는 애매함이 바로 삶이고 몸이거든요. 이걸 이해하는 게 중요합니다. 그래서 내가 하는 행위나 사유가 '나의 해석'이라는 것을 인식하고 있어야 하고, 그것을 보편적인 진리로 받아들이거나 강요해서는 안 된다는 겁니다. 굉장히 조심해야 돼요.

그래서 이 동양적인 학문에서는 개인적인 해석을 보편적이라고 강요하지 않게 하는 시스템들이 또 있어요. 성명쌍수(性命雙修)도 그런 시스템 중 하나로 생각해 볼 수 있습니다. 성명쌍수에서 '성'은 정신, '명'은 몸을 의미하고, '쌍수'는 함께 수행한다는 말이 되겠지요. 도교에서 몸을 수행하는 도인법, 호흡술, 이런 것들이 있었는데, 이걸 '명'을 수행한다고 할 수 있습니다. 그런데, 이런 수행을 하다 보면 여기서 이상한 생각들도 일어나고, 몸도 변하고 그러거든요. 그러면서 이런 변화들을 또 진리로 믿어 버리게 되는 겁니다. 그런데 그게 아니라는 거예요. 이때 필요한 것이 '성'의 수행인데, 여기서 성은 일종의 인문학 같은 거거든요. 수행을 하면서도 인문학적 성찰을 한시도 게을리해서는 안 된다는 이야기입니다.

Q 거리두기나 봉쇄와 같은 통제도 전염병에 대한 궁극적인 해결은 아닌 듯합니다. 앞으로 더 자주 발생한다고 하는데, 어떻게 대처해야 할까요?

A 전염병이 퍼지면 거리두기를 하는 것이 일반적인 정책일 테죠. 그리고 백신이 나오면 집단적으로 면역이 생길 것이라고 예상할 수 있고요. 정책적으로는 그 이상 뭘 할 수 있는 게 없어요. 기대할 것도 없고. 어떤 것이 더 좋은 정책이냐는 매번 사후적으로 평가될 뿐이고요. 거시 정치에서는 어떤 사건을 상식적 인과 안에서 설명하고 상식 선에서 해법을 내놓을 수밖에 없어요. 그런데

실제 삶은 늘 변수의 연속입니다. 코로나19도 일종의 변수였죠. 이게 중국의 야생동물에서 시작되어 전 세계로 퍼질지 누가 예상을 했겠습니까? 전염병이 발생했으니 또 그 안에서 상식적으로 해법을 내어놓겠죠. 그리고 여러 변수에 대해서도 예측을 할 테고요. 그런데 그 예측이라는 것도 어떤 상식 선에서 이루어지는 겁니다. 거시 정치적 측면에서 사용하는 분석적 사고로는 한계가 있어요. 또 예측을 한다 해도 지금 할 수 있는 것이 별로 없고요.

그런데 여전히 예측하지 못한 변수는 계속 생길 겁니다. 예를 들어 코로나가 더 치명률이 높게 변종이 일어날 수도 있어요. 코로나가 지금 전파력은 센데 치명률은 낮잖아요. 보통 치명률이 높은 병은 전파력이 약합니다. 왜냐하면 에볼라 같은 병은 걸리면 보통 일주일 이내에 사망하니까, 전파될 기회가 적은 거예요. 그런데 만일 코로나19가 치명률이 이렇게 높아지는데 무증상 잠복기가 있다고 해보죠. 이건 그냥 가정인데, 그렇게 되면 정말 아무도 못 만납니다. 내가 만나는 사람들이 무증상 감염자일지 모르고 내가 바이러스에 감염되면 거의 죽는다고 가정해 보세요. 사회 전체가 멈출지도 몰라요. 이번 코로나 사태 초기에 미국의 어떤 영화배우가 마트를 갔는데 다 사재기를 해서 식료품을 구할 수 없었어요. 그래서 닭을 한 마리 사왔어요. 계란을 먹고 싶으니까, 암탉을 사서 마당에서 키울 거랍니다.

누구도 이런 상황이 오지 않는다고 장담할 수는 없어요. 좋아질 거라는 희망과 청사진도 필요하지만 최악의 상황도 고려를 해봐야 돼요. 그런 상황이 온다면 우리가 이런 자본주의하에서 과연 계속 살 수 있을 것인가? 또 이런 질병이 일 년에 한 번씩 올 수도 있다는 주장을 하는 학자도 있는데, 만일 그렇게 된다면 어떻게 해야 하는가. 그 정도까지 되면 경제 시스템도 완전히 바뀌겠죠. 대면을 통해 유지되는 공간이나 영역들이 전부 다 사라지고 무너지겠죠. 자본이나 자본주의의 생체권력이 우리를 보호해 주지 않는다는 것은 분명하고요. 여러 가지 고민을 해봐야 할 때라고 생각합니다.

물론 백신이 나오고 많은 사람들이 접종하면 이번 사태는 어느 정도 안정화되겠죠. 그렇게 빨리 마스크를 벗고 생활했으면 좋겠습니다. 그렇더라도 금방 어려웠던 시절을 잊지 않고, 조금 더 근원적으로 그다음에는 어떻게 대비해야 할까 고민을 좀 해봐야 합니다. 그런 고민 중에서 한 가지, 어떤 변수에도 잘 살아간다는 것은 무엇인가? 이런 질문도 필요할 겁니다. 그러니까 이건 개인적인 측면에서의 대처이겠죠. 정책이 중요하지 않다는 것이 아니라, 정책만의 문제로 다 떠넘길 수 없는 개체적 삶과 생존의 문제가 있다는 겁니다. 어떤 상황에서도 사람들과 소통해야 하고 같이 살아가기 위한 새로운 윤리와 질서를 만들어야겠죠. 그래서 온라인으로 세미나도 하고 이렇게 강의도 하는 게 아닐까요? 또 혼자 있는 시간에 이런 상황을 스스로 해석할 수 있는 지혜를 탐구할 수도 있습니다. 가지고 있는 앎들을 유동적인 지성을 통해서 서로 연결하거나, 좀 부족한 점이 있으면 지식을 더 채울 수도 있고요. 그런 연결을 통해 생성되는 가치, 자기 안에 원래 없었던 새로운 가치를 '지혜'라고 합니다. 이 예측 불가능한 시대를 사는 우리의 최선의 대처란 그런 가치를 찾아내는 것이 아닐까 생각합니다. 그런 게 창조적 진화의 한 방편이라고 볼 수 있겠죠.

두번째 강의

『동의보감』에 숨겨진 무위의 통치술

두번째 강의

『동의보감』에 숨겨진 무위의 통치술

지난 강의에서는 '예측불능의 시대와 창조적 진화'라는 주제로 이야기를 했습니다. 지금이야말로 분석적 이성이 통하지 않는 시대로, 유동적 지성이 요구된다는 말씀을 드렸고, 『동의보감』을 포함해서 동양의 사상에 유동적 지성의 틀이 담겨져 있다는 말씀도 드렸습니다. 그리고 이 유동적 지성을 발휘하기 위해서 필요한 것이 원심력이라고 했고요. 구심력이 외부의 힘에 대항해서 안정을 유지하려는 힘이라면 원심력은 안정성을 깨고 창조적인 역량을 발휘하려는 에너지입니다. 양생의 기법은 이 두 가지, 원심력과 구심력을 어떻게 조율하느냐에 있어요. 이런 이야기를 지난 시간에 했고요. 오늘은 '『동의보감』에 숨겨진 무위의 통치술'이라는 주제로 이야기를 이어가 보도록 하겠습니다.

『동의보감』 속의 유동적 지성

현대의 서양의학은 정말 분석의 최첨단을 보여 주고 있습니다. 인체나 질병을 굉장히 미세한 단위로 나누고 있고, 더 미세하게 나눌수록 더 진보된 의학이라는 믿음을 가지고 있죠. 이런 서양의학의 관점에서 볼 때 한의학은 정말 '후진' 의학일 수밖에 없겠죠. 그러나 한의학은 서양의 분석의학이 다룰 수 없는 총체성에 대한 문법을 가지고 있습니다. 그게 유동적 지성이겠지요. 『동의보감』도 유동적 지성에 기반하고 있습니다. 『동의보감』 안에서는 서양의학에서 분류되고 분석되는 것들이 서로 연결되고 교류하고 있고, 이것이 '의학'이라는 대지 위에서 중요한 역할을 하고 있습니다.

이런 내용을 『동의보감』을 좀 구체적으로 보면서 이야기해 보도록 하겠습니다. 『동의보감』은 몸과 우주를 연결된 것으로 보는데요. 『동의보감』을 펼쳐 보면 서문이 나오고 그다음에 신형장부도(身形藏府圖)라는 그림이 나옵니다. 이 그림도 우리에게 이야기해주는 것이 많지만, 일단 넘어가서 첫번째 나오는 글을 살펴보도록 하겠습니다.

> 손진인이 말하기를 "천지간에 사람이 가장 귀한 존재다. 머리가 둥근 것은 하늘의 형상을 닮은 것이고 발이 네모난 것은 땅의 모양을 본뜬 것이다. 하늘에 사시가 있듯이 사람에게는 사지가 있고, 하늘에 오행이 있듯이 사람에게는 오장이 있다. […] 하늘에 음양이 있듯이 사람에게는 한열이 있다. 땅에 샘물이 있듯이 사람에게는 혈맥이 있고, 땅에 풀과 나무가 있듯이 사람에게도 털과 머리카락이 있으며, 땅에 금속과 돌이 있듯이 사람에게는 치아가 있다. 이 모두는 사대와 오상을 천지로부터 부여받아 그 기운을 합쳐 잠시 형체를 이룬 것이다"라고 하였다.(『동의보감』, 「신형」 편, 199~200쪽)

짧은 글이지만 많은 비유와 상징이 들어 있습니다. 먼저 '머리가 둥근 것'과 '발이 네모난' 것을 이

손사막

『동의보감』은 허준의 저서로 알려져 있지만, 사실 이전 문헌들의 인용이 많은 부분을 차지한다. 『동의보감』에 처음 등장하는 글 역시 손진인, 곧 당나라 시절의 유명한 의사였던 손사막(孫思邈)의 글을 가져온 것이다.

야기하고 있죠. 이것은 '천원지방'(天圓地方)이라는 동양의 우주관에서 비롯한 것입니다. '천원지방'은 하늘은 둥글고 땅은 네모지다는 말인데, 이것을 인체로 가져와 쓰고 있는 것이죠. 그런데, 이런 사고방식은 지금의 자연과학과는 거리가 좀 멀죠. 개념적인 내용이 섞여 있거든요. 동아시아의 사유는 기본적으로 귀납과 연역이 같이 맞물려 있는데요. 이런 부분에서 잘 볼 수 있습니다. 그래서 앞의 표현은 상징적인 것입니다. 머리가 둥글고 하늘이 둥글다는 것은, 양의 세계를 상징하는 것이고, 그다음에 땅과 발이 실제로 네모나지 않지만 음의 세계를 상징하면서 연결이 되는 겁니다.

그런데 의학서에서 왜 몸과 우주를 연결시키는 걸까요. 의학적 치료와 관련이 있고 도움이 되니까 이렇게 연결을 하고 있는 것이겠지요. 앞의 강의에서 사람을 소우주에, 세계를 대우주에 비유했었습니다. 사람은 대우주의 부속이 아니라, 하나의 소우주로, 대우주와 대등한 관계를 맺고 서로를 변화시킬 수 있는 주체라고 말씀을 드렸고요. 일방적으로 대우주의 변화에만 따라가는 것도 아니고, 인간이 세상을 전부 다 변화시킬 수 있다고 하는 것도 굉장히 오만한 자세라고 했었죠. 이렇게 대등하다는 말은 '천지간에 사람이 귀한 존재다'라는 말로 연결될 수 있겠죠. 인간이 하나의 주체로 소우주라고 했으니까요. 그래서 인간에게는 소우주적인 생명의 자생력이란 게 있어요. 소우주든 대우주든 우주는 자기 동력에 의해서 자체적으로 돌아갑니다. 그것을 '운화'(運化)한다고 합니다. 한의학에서는 이걸 주로 비위의 소화과정으로 이야기를 하는데요. 19세기 조선의 학자였던 최한기(崔漢綺)의 『기학』(氣學)이라는 책에 이 '운화'라는 개념이 등장합니다.

최한기는 일반적으로 실학자라고 알려져 있는데요. 사실 성리학자라고 해야 합니다. 최한기는 기일원론자로, 세상 모든 것이 기의 자발적인 생성 운동에 의한 것이라고 봅니다. 그러니까 우주가 어떤 외부의 초월적인 힘이 아니라 자체적인 동력을 갖고 있다고 이야기를 하는 거고요. 그러면 소우주인 나도 당연히 자체적인 동력을 갖고 있겠죠. 그걸 의학에서는 자생력이라고 합니다. 자발적인 생명력과 생동감. 동양의학에서의 양생은 바로 그런 자생적 시스템을

믿고, 스스로 몸을 돌보는 일을 말하는 겁니다. 의사가 해줄 수 있는 것은 약을 주고 침을 놓고 수술을 하는 것인데요. 가령 의사가 상처를 봉합하더라도 상처가 붙고 아무는 것은 내 힘에 의해서 이루어져야 하는 거잖아요.

이런 관점은 다시 병의 원인이 삶에 있다는 관점으로 이어집니다. 『동의보감』에서는 삶의 주체가 '나'라는 점을 강조합니다. 예방하고, 마음을 다스리고, 운동을 하고…, 이런 것들을 다 내가 하는 거잖아요. 이런 식으로 소우주로서의 내가 주체로서 생명력을 고양시켜야 한다는 것이지요. 실제로 병원에서도 의사한테 모든 걸 맡기는 사람이랑, 이 병이 어디서 왔는지를 고민하고 치료의 주체가 나라는 마음가짐인 사람이랑 회복하는 정도가 굉장히 다르다고 합니다. 생명력이 고양되고 심리적으로 안정적인 상태를 유지할 수 있어서겠지요.

또 기일원론에서 보면 나는 우주에서 왔다고 할 수 있습니다. 우주의 기가 개별적인 존재를 만든다는 거죠. 이렇게 보면, 사람이란 '천지로부터 부여받은 기운을 합쳐서 잠시 형체를 이룬' 것입니다. 그러니까 기라는 일종의 질료를 가지고 형상을 이룬 것이라는 말이죠. 그렇기 때문에 나와 우주, 천지간에는 어떤 소통이 일어난다고 할 수 있습니다. 내가 어느 때에는 바람이었고, 음식이었고, 흙이었고…. 실제 물리적으로도 그렇죠. 그리고 우리도 죽으면 바람이 되고, 땅이 되고…, 이렇게 흩어지는 거예요.

이런 철학적인 차원에서의 사고방식은 실제로 병리적인 치료행위의 근거가 됩니다. 한의학에서는 때, 즉 계절을 따져요. 생강을 예로 들어 볼까요? 생강이 음식이기도 하지만 한방에서는 약재이기도 하거든요. 그런데 생강은 여름 기운을 가지고 있습니다. 그래서 겨울의 추운 기운을 이겨 낼 수 있는 것이죠. 이런 식으로 동양의 의학에서는 계절과 약재의 기운이 유동적으로 연결이 됩니다. 이렇게 몸과 자연이 연결되었다는 전제에서 치료를 하는 거고요. 또 다른 예로, 작약은 가을 기운을 가지고 있다고 말하는데요. 서늘하게 해준다는 거예요. '간을 서늘하게 해서 피를 모으게 한다'는 식인 거죠. 이런 식으로 우주와 몸이 연결되어 있다는 사고방식은 병리와 치료행위의 근거가 되는 것입니다.

또 사람의 몸은 국가에 비유되기도 합니다. 가슴을 둘러싸고 있는 흉곽(胸廓)은 나라의 성곽(城郭)과 같다는 식으로 비유를 하는데요. "몸을 다룰 줄 알아야 나라를 잘 다스릴 수 있다"라는 말처럼 치신론이 치국론으로 확장되는 겁니다. "백성을 아껴야 나라가 편안해지는 것처럼 자신의 기운을 잘 돌봐야 몸이 온전해지며, 백성이 흩어지면 나라가 망하는 것처럼 기운이 고갈되면 몸이 죽는다. 죽은 사람은 살릴 수 없고, 망한 나라는 보존할 수 없다."(갈홍, 『포박자』. 『동의보감』「신형」 편에서 재인용, 200쪽) 이렇게 몸과 국가가 연결됩니다. 앞에서는 몸과 자연학을 연결했다면, 지금은 의학과 사회·정치·철학, 이런 것들을 연결합니다.

이렇게 연결을 해서 '내 몸이 국가'라고 하면 이제 통치술이 문제가 됩니다. 이건 존재의 기법이라고도 할 수 있는데, 내 삶을 관리하고 점검함으로써 내 몸을 스스로 관리하는 것입니다. 다시 말해 외적인 어떤 관리 주체가 있어서 그것을 쫓아가는 게 아니라, 내 매뉴얼을 내가 만들어 간다는 거예요. 내가 스스로의 윤리를 만들고, 어떻게 존재를 변화시킬 것인가 하는 삶의 기술로서의 통치술을 발휘해야 하는 거죠. 그렇게 통치술을 발휘하면서, 내 삶이 독립적인 것이 아니고, 다른 모든 것들과 연결되어 있다는 것을 알 필요가 있습니다. 이런 시각이 『동의보감』 속에 있다는 거예요.

갈홍의 통치술과 무위지치

이제부터는 『동의보감』의 내용 중에서 갈홍(葛洪)이라는 사람이 쓴 『포박자』(抱朴子)라는 책에서 인용한 내용을 중심으로 이야기를 이어 나가 볼 텐데요. 『포박자』는 다섯 권 정도 되는 분량으로 한글로도 번역이 되어서 나와 있습니다. 『동의보감』을 다루는데 난데없이 다른 책이 나와서 의아해하실 수도 있는데요. 『동의보감』은 기본적으로 다른 책들을 인용한 책입니다. 그러니까 『동의보감』에서 허준이 순수하게 창작한 부분은 거의 없어요. 거의 다 인용입니다. 이는 의학이라는 분야가 완전히 처음부터 창작할 수는 없는, 기본적으로 술이부작(述而不作)할 수밖에 없는 분야이기 때문입니다. 그래서 의서의 저술은 고전에 있었던 데이터나 검증 가능한 자료들을 기본 바탕으로 해서 자기 생각을 첨가하는 방식으로 쓰여졌는데, 이때 여러 인용문들을 어떻게 배치하는가를 가지고 자기 생각을 표현합니다. 실려 있는 이야기 자체는 앞서 살았던 이들이 다 말한 것이고요. 그 이야기들을 나름의 방식으로 배치하면서 맥락을 만드는 겁니다.

어쨌든, 『동의보감』 안에는 갈홍의 『포박자』라는 책이 인용되어 있는데, 갈홍은 '백성을 어떻게 다스려야 하는가'와 같은 통치술을 몸의 통치술과 연결할 수가 있다고 이야기합니다. 그리고 이 통치술을 '무위지치'(無爲之治)라고 이름 붙이고 있고요.

갈홍에 대해서 간단히 알아보고 본격적인 내용으로 들어가 보겠습니다. 갈홍은 위진남북조시대의 선도술(仙道術)의 대가입니다. 위진남북조시대는 사상적 혼융이 많이 일어난 시대였는데요. 예를 들어서, 도홍경(陶弘景)이라는 사람은 도교와 불교를 연결한 인물로 유명합니다. 갈홍은 도교와 유교를 혼합한 인물이고요. 갈홍의 『포박자』는 내편 3권과 외편 2권으로 나뉘어 있는데, 내편은 도교에 대한 내용이고, 외편은 유교에 대한 내용을 담고 있습니다. 그러니까

갈홍

원대의 화가인 왕몽(王蒙)의 「갈지천이거도」(葛稚川移居圖) 전체(왼쪽)와 갈홍이 묘사된 부분의 확대(오른쪽). 지천(稚川)은 갈홍의 자(字)로 왕몽의 그림은 갈홍이 단약을 연구하기 위해 식솔들을 거느리고 은거하러 가는 모습을 그리고 있다.

도교를 바탕으로 유학적이고 문명적인 질서를 섞어 놓은 것이라고 할 수 있겠습니다.

도홍경도 그렇고, 갈홍도 그렇고 도교를 중심으로 다른 사상들을 융합시키고 있는데요. 도교는 무위자연(無爲自然)을 주장하는 것으로 널리 알려져 있죠. 어떤 인위적 장치도 거부하는 겁니다. 도교적인 입장에서는 질서나 세상의 법칙이라고 하는 것들은 인간이 인위적으로 만들어 낸 것이고, 세계는 사실 카오스라고 이야기를 합니다. 이런 카오스적 세계에 너무 많은 인위적인 것을 가하면 마치 그게 진리인 것처럼 사람들이 느끼고, 그로 인해 억압되고 갇히고, 자유로움을 박탈당하게 되고요. 그래서 자연 그대로의 삶, 자연의 순리대로 사는 삶, 이런 것들을 지향합니다. 그렇다면 "어떻게 자연의 순리를 따를 것인가?"라는 질문에 답을 하는 것이 도교라고 할 수 있습니다. 도교와 도가는 다릅니다. 도가는 노자, 장자를 근원으로 하는 철학적·정치적 사상이고, 도교는 거기에서 정치적 성향을 빼고 구체적 방편으로서 개인적인 수련법을 더 강조했습니다. 종교적인 측면이 강합니다.

그런데 중국을 중심으로 동아시아 사상의 주류는 대개 유학이었지요. 유학은 곧 질서를 말하는 것입니다. 질서가 중심이 되어야 정치가 제도화될 수 있고, 그 이후에 통치를 할 수 있잖아요. 기본적으로 사람들이 함께 살아가기 위해서는 질서와 윤리가 필요하겠죠. 그래서 도교나 불교가 무위자연, 혹은 공(空)을 강조하면서도 현실 정치나 사회 구성체에 대한 이야기를 할 때는 이 문명적 질서를 결합하기도 합니다. 오늘 이야기할 '황로학(黃老學)의 무위지치(無爲之治)'도 도가사상을 중심에 두고 그 위에 유교의 문명적 질서를 결합한 것입니다.

'무위지치'라는 말은, 무위로써 통치한다는 거예요. 무위지치는 지난번 강의에서 말씀드린 유동적 지성을 근원에 두고, 분석적 지성을 통치술의 용법으로 쓰는 거죠. 법을 만들고 제도를 만들고…, 이런 식으로 질서를 세울 때에는 분석적 지성을 사용하는 겁니다. 무위지치를 실현하려고 했던 한나라 초기의 통치술이 약간 이런 거예요. 이걸 황로사상이라고 하는데요. '황로'(黃老)는 황제(黃帝)와 노자(老子)를 섞어 놓은 말로, '도가'라는 말보다 먼저 생긴 말입니다.

이렇게 '무위지치'라는 통치술은 한나라 초기에 잠깐 모습을 보였는데요. 이 강의에서는 무위지치, 즉 이 통치술이 『동의보감』에 들어 있는 몸의 통치술과 연동된다는 점을 말씀드리고 싶습니다. 황로사상에 대해서 설명드리는 것도 이 연결을 위해서였는데요. 이 황로사상과 관련한 책들은 지금 번역이 되어서 거의 다 나와 있습니다. 관심이 있으신 분들은 찾아보셔도 좋을 것 같습니다. 그 중에서 『황제내경』(黃帝內經)은 한의학의 가장 오래된 의서구요. 『황제사경』(黃帝四經)은 정치철학서라고 보시면 되고, 『노자』(老子), 『장자』(莊子)는 도가 사상의 원류라고 할 수 있겠지요. 『회남자』(淮南子)나 『열자』(列子) 같은 책들도 재미있습니다.

어쨌든 한나라 초기에 황로사상과 무위지치라는 유동적 지성이 있었다는 것을 기억해 두시고요. 이런 유동적 지성에 의해서 몸의 원리가 자연의 원리 혹은 사회적 원리로 확장되기도 하고, 반대로 사회적 통치술이 몸의 통치술로 연결, 연동되어서 활용될 수도 있다는 거예요.

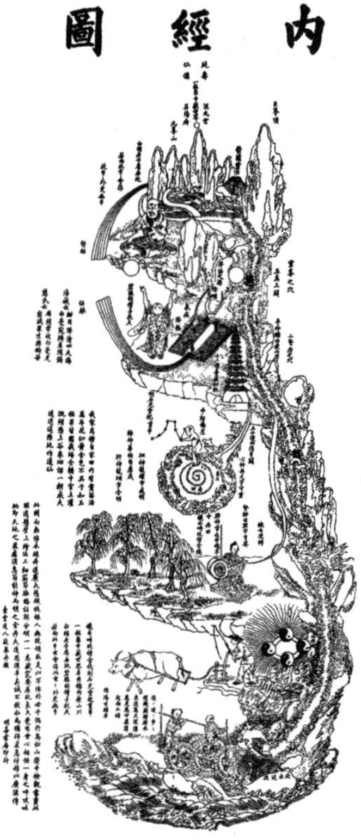

내경도

도가의 대표적인 수행경전인 『황정경』(黃庭經)에 수록된 「내경도」(內經圖). 오장을 주재하는 신선들을 묘사한 것이 특징적이다. 몸이 자연과 연결되어 있으며 몸 자체가 자연의 반영이라고 할 수 있다.

한나라 초기의 황로사상과 무위지치

황로사상과 무위지치가 한 제국 초기의 국가이념이자 세계관이라고 했습니다. 중국 역사에서 정치적 통일은 진나라 때 이루어졌지만, 사상적 통일은 한나라 때 이루어지죠. 우리가 '한자'(漢字), '한족'(漢族)이라고 할 때, '한'(漢)이라는 글자가 바로 여기서 온 건데요. 이 한나라 초기, 한을 세운 한고조 유방(劉邦)과 그 측근들이 가지고 있었던 사상이 황로사상이었습니다. 황로사상은 넓은 의미로는 도가사상입니다. 아까 말씀드렸듯이 '도가'라고 불리기 이전의 사상이고, 도가 개념의 실질적 원천이 되는 사상이라고 보시면 됩니다.

'황로'란 '황제'와 '노자'를 합친 말이라고 말씀드렸죠. 여기서 황제는 우리가 아는 황제(皇帝)와는 다른 겁니다. 누를 황(黃) 자를 쓰는 '황제'는 중국 고대의 전설상의 지도자인 삼황오제(三皇五帝)에서 오제 중 한 명인 황제 헌원(軒轅)을 말합니다.

지금 '황' 자가 계속 나오고 있어서 정리를 좀 하고 지나가는 것이 좋겠네요. '삼황'(三皇)은 전설 시대의 지도자들인 신농씨, 복희씨, 여와씨를 말하는 것이고요. 우리가 보통 중국의 지배자를 칭하는 '황제'(皇帝)는 진시황이 중국을 통일하고 만든 명칭입니다. 진시황이 통일하기 전 주나라는 봉건제였고, 마지막에는 전국시대로 들어서면서 '왕'이라는 이름이 여기저기서 사용되었던 거죠. 그래서 진시황이 통일을 하고 보니 '왕'이라는 명칭을 쓰기가 좀 그런 겁니다. 그래서 삼황의 '황'(皇) 자를 따고 오제의 '제'(帝) 자를 따서 '황제'라고 부르고, 자기가 처음[始]이니까 '시황제'라고 부르게 한 거죠.

다시 돌아와서 황로사상이라고 할 때 황제는 아까 이야기한 황제 헌원을 말하는 겁니다. 한의학에서 가장 오래된 책인 『황제내경』 역시 이 황제 헌원에서 기인한 책으로 황로사상에 근거하고 있는 책이고요. 그래서 『황제내경』은 의학과 도가의 콜라보라고 보시면 됩니다. 그래서 신체론과 우주론의 만남이고, 치신론이 치국론으로 확장되는, 유동적 지성의 정치이념화라고 볼 수도 있는 거죠.

그래서 황로사상에서 통치의 근원에는 도가적 카오스가 있습니다. 앞서 말했던 원심력이죠. 도가적인 힘은 원심력, 문명적 힘이나 질서는 구심력이라고 말씀을 드렸었는데요. 이런 도가적인 원심력을 내부에 가지고 있으면서 통치술로는 법가적 구심력을 가지고 있습니다. 유가적인 측면이 조금 있지만, 정확히 말하면 법가라고 할 수 있는데요. 이것이 문명을 일으키고 유지하는 힘입니다. 이런 힘들이 황로사상이라는 이름으로 지금 합쳐져 있는 거죠. 그래서 이때의 사상을 보면 굉장히 애매하고 기묘하고 재밌어요. 유가도 아니고, 법가도 아니고, 그렇다고 장자적인 방임, 국가도 조직도 다 부정하는 방임도 아니거든요. 여기에 황로의 특징이 있어요. 『회남자』라는 책에 실려 있는 글을 보시면 이 특징을 살펴볼 수 있습니다.

> 잘 다스리는 나라는 이렇다. 통치자는 가혹한 명령을 내리지 않고, 관리들은 백성들을 복잡하게 다스리지 않으며, 선비들은 남에게 보이기 위한 거짓된 행위를 하지 않고, 기술자들은 불필요한 기교를 부리지 않으며, 모든 일은 질서정연하게 이루어져 번잡하지 않고, 사용하는 물건들은 완전할 뿐 꾸밈이 없다.(유안, 『회남자』 1,

이석명 옮김, 소명출판, 2010, 670쪽)

뭔가 인위적으로 억지로 하려는 것을 주의하라는 이야기입니다. 하지만 당연히 법과 제도는 필요하겠죠. 그게 없으면 나라가 엉망이 되겠지요. 그러니까 요점은 질서의 중요함을 인정하면서도 질서가 가혹하게 강제되지 않는 통치를 말하는 겁니다. 구성원의 자율성을 강조한 거죠. 번잡하고 화려하게 드러나는 정치행위가 아닌 기교가 없는 소박하고 실용적인 통치를 말하는 것이고요. 그런데 이건 지금의 정치 현실과는 굉장히 안 맞죠. 왜냐하면 정치인들은 자꾸 뭘 하려고 그래요. 자신의 업적을 드러나게 만들려고 하죠. 그래서 항상 건물을 짓는다거나 길을 닦는다거나…, 이렇게 드러나는 업적, 어쨌든 눈에 보이는 업적을 만들어 내려고 갖은 애를 씁니다. 그런데, 미리 무언가를 할 수도 있잖아요. 경기가 안 좋을 것 같으면 미리 부양을 하고, 어떤 문제가 생길 것 같으며 미리 해결책을 마련하고…, 이렇게 미리 하지는 않습니다. 왜냐하면 미리 해결해서 문제가 생기지 않으면, 자기의 업적도 드러나지 않는 거죠. 그래서 항상 뭔가 문제가 생겼을 때, 해결해 주는 영웅으로 등장하고 싶어 합니다. 이렇게 굳이 드러나는 정치를 하고 싶어 하는 거죠. 그런데 무위지치의 정치는 뭐예요? 굳이 드러나지 말라는 거예요. 기교가 없는 소박하고 실용적인 정치를 하라는 겁니다.

몸의 통치술로서의 무위지치

이 사상과 통치술이 고스란히 『동의보감』에 들어가 있어요. 『동의보감』의 통치술이라고 할 수 있습니다. 이런 통치 이념은 거시 정치에서 실현되기 어렵지만, 몸의 통치의 차원에서는 적용할 수 있는 양생적 전략이라고 할 수 있습니다. 질서의 중요함을 인정하면서도 질서가 가혹하게 강제되지 않는 통치, 자율성을 강조하는 통치를 이야기했는데요. 이것을 몸의 전략으로 바꿔 볼 수 있습니다. '스스로 세운 삶의 법과 질서, 곧 윤리가 있어야 한다'라고 바꿀 수 있겠죠. 하지만 이것은 가혹한 강제가 아닌 점검의 차원이 되어야 합니다. 이걸 양생이라고 하는 건데요. 누가 강제하는 질서와 법이 아니라 스스로 소박한 질서를 만들어 내야 한다는 겁니다.

그런데 그렇게 질서를 만들어 낸 다음에는 또 스스로에게 너무 가혹하게 하는 경우도 있죠. 지켜야 할 것을 안 지켰다고 심하게 자책을 하기도 합니다. 가령 일찍 일어나서 공부를 열심히 하고 성적을 올리는 게 목표다. 이렇게 정해 놨는데 안 하게 되죠. 그럼 또 스스로에게 스트레스를 엄청 줍니다. '경쟁자는 공부하고 있는데, 너는 뭐하는 거니.' 이런 생각을 막 하면서 자기를 억압하는 거죠. 이렇거나 아니면 또 너무 타율적으로 끌려다니는 것도 문제겠죠. 이 두 가지가 다 여러 가지 면에서 굉장히 억압적이라는 거예요. 자율적으로 하는 것도 억압이 되어 있고, 타율적으로 하는 것도 억압이 되어 있고.

그래서 자기가 스스로 만들어서 지키되 그것을 적절하게 조율할 수 있어야 합니다. 어느 정도 하다 보니까 너무 힘들면 줄이면 되는 거고요. 다이어리나 노트에 해야 할 일을 열심히 적는 분들이 있죠. 그렇게 열심히 목표를 적는 것도 좋습니다. 그러다가 좀 안 될 것 같으면 지우면 되거든요. 목표의 양을 줄이거나 바꾸면 되는 겁니다. 다만 포기만 하지 않으면 되는 겁니다. 이번 생은 글렀으니, 다음 생에 해야겠다고 하시는 분들도 있는데, 다음 생 없습니다. 그냥 흩어지는 거고, 이번 생에서 어떻게든 해야 하는 겁니다. 그래서 삶의 목표와 강도를 자기에게 맞게 조율할 수 있는 힘들이 필요하다는 거예요. 이걸 양생이라고 해요.

양생과 관련해서 그러니까 자기 삶을 조율하고 관리하는 차원에서 볼 때, 동양의학에서는 '미병'(未病)이라는 개념이 굉장히 중요합니다. 미병은 병이 생기기 전의 단계를 말하는 것이고요. 『포박자』의 내용으로 자세히 살펴보도록 하겠습니다.

> 도의 경지에 이른 자는 우환이 생기기 전에 미리 예방하고 병이 생기기 전에 치료할 뿐 사태가 벌어진 뒤 수습하지 않는다. 그런데 대부분의 사람들은 이러한 양생적 예방법이 익숙하지 않아 쉽게 위험에 처한다. 그리고 그런 준비되지 않은 상태에서의 기운은 탁할 수밖에 없다. 따라서 기혈을 맑고 튼튼하게 하여 장수하려면, 분별력을 키워 현재의 욕심을 버리고, 새로운 진기를 취해야 하는 법, 이는 국가가 위엄과 덕망을 분별해 사

직을 보전하는 일과 같은 것이다.(갈홍, 『포박자』. 『동의보감』「신형」 편에서 재인용, 205쪽)

사직이라는 것이 뭐죠? 경복궁에서 남쪽을 바라볼 때 왼편에는 뭐가 있죠? 왼편에는 종묘가 있습니다. 오른편에 바로 사직단이 있는 사직공원이 있고요. 사직단은 원래 땅의 신에게 제사를 지내는 신성한 곳인데 일제강점기에 저렇게 공원으로 만들어 버렸죠. 그러니까 궁궐을 중심으로 왼쪽은 조상한테 제사를 지내는 곳이고, 오른쪽은 땅의 신에게 제사를 지내는 곳이에요. 그래서 앞의 인용문에서 '사직을 보전'한다는 건 그 시대의 땅이 갖고 있는 어떤 기운을 회복한다는 의미이고요. 그러기 위해서는 미리 예방하라는 것입니다.

한의학에서는 병이 일어난 다음에 고치는 사람들은 하수라 그래요. 옛날의 유명한 의사인 편작(扁鵲) 3형제를 놓고 이런 이야기가 전해져 오죠. 편작 자신은 병이 일어난 다음에 고친다는 거예요. 그런데 형들은 병이 일어나기 전에 고친다는 거죠. 그러니까 이게 좀 애매합니다. 왜냐하면, "당신 병에 걸릴 것

갈습니다"라고 하면서 약을 처방해 준다고 해 보죠. 그런데 병이 일어나지 않는 겁니다. 그럼 병을 미리 막은 것인지, 괜한 약을 먹은 건지 헷갈리겠죠. 그래서 미병을 고친다는 것이 좀 애매할 수가 있습니다. 미병 상태는 가령, 병원에 가서 MRI며 뭐며 다 찍어 봤는데, 이상이 없는 거죠. 하지만 몸은 어딘가 계속 불편하죠. 여기저기 쑤시기도 하고, 답답하기도 하고, 이렇게 완전히 드러나지 않는 상태지만, 어딘가 불편한 상태. 이런 상태를 한의학에서는 중요한 상태로 보고, 이때 적극적으로 치료를 합니다.

병은 이렇게 미병 상태일 때 치료하는 것이 가장 좋습니다. 미병을 오래 방치하면 이제 질병의 상태로 가는 거예요. 이렇게 앞서 『회남자』에서 이야기한 통치술, 혹은 한나라 초기의 정치적 통치술과 『동의보감』의 통치술이 연결되는 거예요. 우환이 벌어지기 전의 정치, 미병일 때의 의학은 드러나지 않는 것이고, 지금과 같은 성과주의 시대에 이런 식의 정치는 시도할 수 없는 것이기도 합니다. 하지만 미병 상태에 개입하여 미리 균형을 찾으려는 양생의 방편은 여전히 중요하겠죠. 이건 또 기미와 징조를 읽는 것과

편작

전국시대의 명의인 편작은 제환공의 모습만 보고도 병이 있음을 알아차렸다는 이야기가 전해져 내려올 정도로 병이 아직 커지지 않았을 때 이미 환자를 고치는 것으로 유명했던 듯하다. 하지만 그 형들은 병이 일어나기도 전에 고친다고 하니, 수행과 양생을 통해 습관을 바꾸고 그 습관에서 기인하는 병이 생기지 않도록 하는 것이 형들의 방법은 아니었을까?

연결되고요.

그러니까 미병의 차원에서 무위지치를 생각해 보면 좋은 정치는 우환을 미리 예방해서 호미로 막을 것을 가래로 막지 말라는 겁니다. 이미 벌어진 사건을 해결하려면 에너지가 많이 들죠. 미리 손을 쓸 수 있다면, 크고 과하게 무언가를 하지 않고, 소박한 움직임만으로도 반복되는 우환을 막을 수 있습니다. 이것은 질병 치료의 차원에서도 통하지만 삶의 통치술로도 쓸 수 있습니다.

'무위'(無爲)라는 글자 뜻을 한 번 보죠. '없을 무'에 '할 위' 자니까 '함이 없다', '하지 않음'이라고 해석하면 되겠죠. 그러면 '유위'(有爲)는 '함이 있다'겠지요. 유위라는 말 안에는 인위적으로 무언가를 한다는 의미가 담겨져 있습니다. 그렇다면 '무위'에 담긴 뜻은 무엇인가 하면, '유위' 그러니까 인위적인 행위를 거부하는 겁니다. 그냥 나태하게 아무것도 하지 않는다거나 '귀찮으니 안 할래'와 같은 의미가 아니라, 적극적으로 '함에 저항하는 행위'입니다. 미병에 대처하는 것도 마찬가지죠. 본격적으로 병이 생긴 후에 아무리 현란한 의술로 치료해 봐야 그 전에 미리 예방하는 것보다 못합니다. 그러니까 큰 치료행위에 저항하려면 적극적으로 미병을 찾아보고 치료해야 하겠지요.

그리고 질병을 일으키는 유위적인 행위에 가담하지 않는 것도 무위입니다. 질병이 대체로 어떻게 생기는지를 볼까요. 바로 특정한 '함'의 반복 때문에 생기는 겁니다. 가렵다고 긁으면 처음에는 상처가 생기지 않지만, 자꾸 한 곳만 긁으면 어떻게 되죠? 염증이 생기겠죠. '유위', '함'이 병을 만든다는 것은 그런 것입니다.

살을 긁는 것에서 그치는 것이 아니지요. 보통 우리가 갖는 감정도 한 곳만 파기 때문에 탈이 생깁니다. 감정은 한의학에서 가장 중요한 질병의 원인입니다. 분노도 한 곳만 파고 슬픔도 한 곳만 파죠. 이때 겪는 분노와 슬픔이 그렇다고 창의적인 것도 아닙니다. 딱 고정되어 있는 회로를 따라 움직입니다. 이렇게 상투적인 상처를, 그것만 끊임없이 파면 결국 질병이 됩니다. 이게 바로 '유위'라는 겁니다.

『동의보감』에서는 환자가 해야 할 일 중에 망념(妄念), 즉 헛된 생각을 버려야 한다는 얘기가 있어요.

예를 들어, 하루 종일 '저 사람이 나 미워한다', '나는 왜 이러고 살까', '아 너무 슬퍼', 이런 감정에 빠져서 상황을 크게 보지 못한다는 거죠. 그래서 좁게 긁어 대고, 병이 생기는 패턴으로 가는 거죠. 이게 '함'입니다. 앞에서 말한 것처럼, 이럴 때 자신을 괴롭히는 것이 전혀 창조적이거나 이로운 점이 있지 않다는 거고요. 그저 익숙하게 하는 행위들이고 대부분 밖에 보여지는 것, 자신을 위해서는 별 쓸모가 없는 행위들이라는 것이죠. 소박하게 자기에게 실용적으로 행위하는 것이 아니라는 겁니다. 무위는 바로 이런 것에 저항하는 겁니다. 질병은 특정한 힘의 반복으로 인해 생기는데, 무위는 습관적 행위가 일어나는 것을 사전에 예방하는 양생적 실천이라는 거예요. 이렇게 실천을 해서 사전에 예방하여 유위를 일으키지 않기 때문에, 결과적으로 무위가 되는 겁니다. 그렇기 때문에 게을러서 안 하는 것이 아니라, 적극적으로 하지 않는 행위라는 것이고요.

앞에서 원심력과 구심력 이야기를 했었는데, 이 비유에 따르면 유위는 기존의 습관적인 안락한 상태를 유지하려는 구심력이 되겠죠. 내게 익숙한 것들을 반복하려는 습성으로의 안정감, 안락함, 편리함인 거예요. 이 구심력의 고정성을 깨고 생명의 창조적 에너지를 발휘하려는 '무위'의 행위가 원심력에 해당된다고 할 수 있겠죠. 왜 이게 창조적 행위이냐면요. 습성의 고정성을 깨는 것이기 때문이에요. 그걸 깨려면 생명 차원의 질적 변화가 일어나야 합니다. 우발적 변수를 받아들이고 욕망이 바뀌고 세상을 다시 보게 되고 기존의 인과가 재구성되는 변화가 내적으로 일어나야 하죠. 전에 말씀드린 '창조적 진화'에 비유할 수도 있겠죠.

이런 창조적 행위엔 큰 에너지가 드는데, 걱정할 필요 없습니다. 습성을 반복할 때 자기도 모르게 새고 있는 에너지도 만만치 않거든요. 그 에너지를 전환시키면 됩니다. 이 과정은 거의 동시에 일어납니다. 반복된 습성이 변하는 것과 새로운 욕망이 같이 생기고요, 고정된 습성을 벗어나는 것과 창조적 힘이 함께 일어나는 겁니다. 예를 들어, 내가 쓸데없는 고민의 구심력에서 벗어나는 순간 지금까지와는 다른 것이 삶의 지평에 나타납니다.

이걸 시절인연이라고도 할 수 있어요. 우주는 계

속 변화하고 무언가 항상 새로운 것들이 오고 있는데, 나는 아주 견고하게 고착된 어떤 이론, 사유, 감정에 붙들려 있습니다. 그러니까 변화를 알아채지도 못하고, 변화의 주체가 되지도 못하는 거예요. 가령 지금의 이 코로나 사태도 시절인연에 의해서 일어나는 거잖아요. 그런데 인간은 어떻게 하면 기존의 자본주의를 사수할까를 생각하고, 온갖 편의를 누리던 기존의 습성을 유지한 채 행동을 하고 있죠. 이렇게 얽매이면 변화의 주체가 되지 못합니다. 이럴 때일수록 원심력이 필요한 거죠.

다시 『동의보감』으로 돌아와서 원문을 살펴보도록 하겠습니다.

> 사람의 질병은 모두 조섭을 잘못하는 데서 생기므로 수양이 우선이고, 약과 침은 그 다음이다.(『동의보감』 「서문」, 59쪽)

> 양생을 잘하는 사람은 생각을 줄이고, 걱정을 줄이고, 욕심을 줄이고, 일을 줄이고, 말을 줄이고, 웃음을 줄이고, 근심을 줄이고, 즐거움을 줄이고, 기쁨을 줄이고, 노

PikiWiki Israel 12158 Sde

케이지식 닭장

기존의 자본주의적 생활방식과 편의에 익숙한 생활습관을 바꾸지 않는다면, 더 빨라지는 팬데믹의 주기를 막을 수 없게 될지도 모른다. 더 많은 고기와 달걀을 더 효율적으로 얻고자 하는 인간의 욕망이 끝도 없는 가축전염병의 반복을 불러오고 있는 것처럼.

여움을 줄이고, 좋아하는 것을 줄이고, 싫어하는 것을 줄인다.(갈홍, 『포박자』. 『동의보감』에서 재인용, 217쪽)

다 줄이라고 하고 있습니다. 그런데, 싫어하는 거 줄이고 노여워하는 거 줄이라고 하는 것은 쉽게 이해가 되는데, 기쁨과 즐거움을 줄이라는 부분에서는 갸우뚱하는 분들도 있으실 듯합니다. 웃음을 줄이라고 하네요. 웃으면 좋은 거 아닌가요? 그런데 그렇지 않습니다. 그러니까 웃음도 과도하면 심장에 무리가 생깁니다. 설렘이라든지, 과도하게 좋아하는 것, 항상 즐거워야 한다는 압박감 같은 것도 심장의 문제고요. 그래서 그런 말도 있어요. 심장이 안 좋은 사람은 웃음을 참지 못한다고.

무엇이든 과도하게 일어나는 것들에 대해서 제어하라는 거예요. 그리고 거기서 남는 힘들은 다른 데 쓰라는 거죠. 다시 강조하지만 사람의 질병은 모두 '조섭을 잘못하고, 일상생활을 잘못하는 데'서 생긴다는 거예요. 하루 종일 망상을 반복하고 있는 거죠. 그래서 수양이 우선인 겁니다. 약과 침은 그다음이에요. 전문 의료보다 수양, 일상의 예방적 무위지치가 중요한 겁니다. 자, 이제 다음 강의에서는 무위지치를 어떻게 활용할 수 있을지, 구체적인 방법을 다뤄 보도록 하겠습니다.

두번째 강의 Q & A

Q 드러나지 않을 때 관리한다고 하셨는데요. 이게 현대의학에서 말하는 예방과 다른 건가요?

A 예방의학 역시 병이 걸리기 전에 운동도 하고, 섭식도 조절해야 한다고 이야기를 하죠. 그래서 강의에서 말씀드린 '무위의 통치술'과 결이 완전히 다르진 않아요. 어느 정도 포함이 됩니다. 그런데 예방의학의 차원에서는 적극적으로 내 삶에 관여한다기보다는 음식을 어떻게 먹는다, 운동을 어떻게 한다, 과로하지 않는다, 이런 정도잖아요. 삶에 깊이 개입해서 너의 감정을 어떻게 하라거나 이런 이야기는 현대의 예방의학 차원에서 이루어지지 않아요.

강의에서 말씀드린 무위지치는 감정을 조율하는 문제까지 나아갑니다. 병은 조섭을 잘못해서 생긴다고 하는데요. 일상생활에서 감정을 조절하지 못하는 것이 대개 문제가 됩니다. 감정은 아주 디테일한 것이고요. 이

디테일한 감정이 일어나는 역사성을 봐야 돼요. 이 감정이 어떤 방식으로 나에게 도래했는지에 대한 계보학적 탐사가 필요하다는 말입니다. 어떤 오해 때문에 생긴 감정이 증폭된 것일 수도 있고요. 아니면 잠깐 느끼고 넘어갔어야 하는 감정에 인위적인 언어로 정의를 내려 버리거나 하면 그것을 반복하고 고착하게 됩니다. 그러면서 정의 내리기 전에는 지나가는 감정에 불과했던 것이 언표화되면서 실제로 물질화가 되는 거죠. 감정이 사물처럼 되어 버리는 거예요. 감정의 울체라고도 할 수 있는데, 그 위에 담음이 올라가고, 어혈이 올라가고 하면서 실제로 병이 되는 거거든요. 그래서 이런 것들을 추적해야 하는 겁니다.

약을 먹어서 이걸 없앨 수는 있어요. 어혈과 담음도 없애고 울체도 없애는 약이 있지만, 약은 끊으면 곧 다시 같은 상태로 돌아오니까요. 그래서 이 원천을 탐사해야 돼요. 내가 어떻게 감정을 키우고 거대한 것으로 만들었는지에 대한 느낌을 탐구하고, 그것을 어떻게 해결할 것인지를 좀 넓은 범위에서 볼 수 있어야 합니다. 보는 범위가 넓고 관점을 다양하게 가질 수 있으면 좀더 해결에 가까이 갈 수가 있는 거죠. 이렇게 방법론을 늘

려 가면서 나를 묶고 있던 기존의 관념에서 자유로워지는 것을 '공부'라고 하는 겁니다. 하나의 시선으로 봤을 때 일어나는 감정하고, 공부를 해서 다른 시선으로 봤을 때 감정이 달라지거든요. 이렇게 여러 시선에서 보면 내가 느끼고 있는 것을 다르게 볼 수도 있구나 하는 생각이 들게 됩니다. 그러면서 울체되었던 것이 서서히 풀리게 되거든요. 이런 총체적인 방식을 동양적인 '예방'이라고 할 수 있겠죠. 이런 점에서 현대의학에서 말하는 예방과는 차이가 있다고 할 수 있습니다. 나의 실존적인 문제, 존재론적인 탐구까지 일어나야 가능한 거예요. 자기 스스로 깨우치는 수밖에 없습니다.

Q 무위가 아무것도 하지 않는 것은 아니라고 하셨는데, 그럼 무위와 유위를 어떻게 구분할 수 있을까요?

A '유위'는 인위적인 행위를 말하는데요. 일상생활에서 적용해 보자면, 내가 익숙하게 여기면서 '생각 없이' 행하는 것들을 의미합니다. 자연스럽게 느껴지지만 사실은 그런 행동들이 어떤 잉여를 축적하고 있는 것일 수도 있는 겁니다. 나도 모르게 인위적 조작을 가하고 있는 거죠. 내가 익숙하게 하는 대화나 언어 습관이라든지, 감

정을 쓰는 방식 같은 것은 어떤 현장 속에서 이루어지는 것이기 때문에 메타적으로 보기가 어렵죠. 그래서 다시 공부가 필요하다는 말씀을 드리고 싶어요. 공부는 거울이거든요. 타자를 통해서만 나를 볼 수가 있어요. 그냥 나를 볼 수는 없습니다.

뭔가 시련이 닥쳤을 때 나의 '유위'를 메타적으로 발견하기도 합니다. 큰 병에 걸리거나 아니면 이별을 한다거나, 가족과 관계가 틀어진다거나, 이럴 때 '내가 이렇게 살면 안 되는 건가?'라는 생각이 들잖아요. 그럴 때 공부한 것들이 쓰이는 겁니다. 평소에는 메타적으로 잘 안 보여요. 감이당의 멘토이신 정화스님도 강의하실 때 그런 얘기를 하셨잖아요. 평소에 볼 수 있어서 고치면 그 사람은 고수라고. 중수는 시련이 왔을 때라도 그걸 보고 고칠 수 있는 것이고, 하수는 시련이 와도 똑같이 산다고 말씀을 하셨었죠. 역시 평소에는 내가 무심코 하는 행동들의 문제가 잘 안 보입니다. 그래서 노력을 해야 합니다. 내 삶의 현장에서 집행하는 관리 혹은 왕의 입장에서 봐야 합니다. 좀 멀리서 거시적으로 사태를 파악하는 식의 방법론이 필요한 거죠.

다시 말씀드리자면 유위는 무의식적으로 일어납니

다. 거기에 접근을 하려면 자기를 돌아볼 수 있는 툴이 있어야 돼요. 그리고 그 툴을 일단 여러 가지로 확보하는 것이 좋습니다. 지금 제가 강의하고 있는 『동의보감』도 좋은 툴이고요. 사주명리도 활용도가 높습니다. 제가 공부하고 강의하고 있는 도담학당에서는 진단학을 공부하려고 하고 있고요. 한의학적인 측면에서 진단학을 공부하고, 거기서 무위지치나 황로사상으로 확장해서 삶을 진단할 수 있는 툴을 마련해 보고자 합니다. 몸을 통해서 탐구하는 게, 굉장히 적극적인 형태의 존재의 탐구거든요.

Q 감정 조절을 잘 못해서 몸도 상하고 그래왔던 것 같습니다. 그래서 그 감정을 알아차리고 조절하려고 노력하고 있습니다. 그런데 이런 절제의 방향성과는 달리 일과 공부에 관해서는 욕심을 내고 있습니다. 이런 것도 뭔가 절제를 하고 정리를 하고 그래야 할 것 같은데요. 어떻게 정리를 하면 좋을까요?

A 감정을 쓰는 것과 일이나 공부를 하는 것은 결이 다르죠. 그러나 감정, 일, 공부가 기존의 습성 안에서 엮여져 있는 것이라면 같은 맥락에서 점검할 필요가 있습니다. 그것들이 같은 기운을 쓰고 있을 가능성이 높으니까요.

감정을 조절하는 데 있어서 때론 참는 훈련도 필요합니다만, 참는 것만으론 감정을 다스리기가 어렵습니다. 감정의 해석이 바뀌는, 혹은 감정을 지각하는 몸의 체감이 변하는 어떤 도약적 전환이 필요합니다. 굳이 참지 않아도 저절로 그 감정으로부터 자유로워지는 지점에 도달해야죠. 그 역치가 있어요. 그 역치를 넘으면 감정만 바뀌는 것이 아니라 몸의 컨디션, 일의 패턴, 공부의 방향성, 결이 다를 것 같은 이런 것도 함께 달라집니다. 물론 약간의 순차를 두지만요. 그게 어떤 큰 사건이나 시절인연에 의해서 한 번에 그렇게 되기도 하지만, 작은 계기를 통해 전략적 훈련으로 도달할 수 있습니다. 양생의 전략은 후자 쪽이겠죠.

그 전략을 구상하고 실천하고 실전에서 다시 점검하는 일이 쉽지 않아요. 대개 습관을 움직이는 기존의 자아가 그걸 싫어하거든요. 귀찮고, 되는대로 살고 싶고, '꼭 그렇게 살아야 돼?'라고 하면서, 다시 돌아갈 명분을 얻습니다. 그러고는 똑같은 감정을 반복하고 몸도 아프고 그럽니다. 그래서 연결할 수 있어야 합니다. 감정, 일하고 공부하는 것, 사람 만나고, 먹고, 삶의 모든 행동과 생각을 점검해 볼 필요가 있습니다. 그런 식의 자기 진단을 여러 번 시도하다 보면 디테일한 삶의 역사들이 각기 다른 특이점을 갖고 솟구칩니다. 거기서부터 자기 통치술의 전략이 생기기 시작합니다. 구체적인 서사를 본인만 알기 때문에 다른 사람이 진단해 주는 데는 한계가 있습니다. 결국 자기 스스로 해야겠죠. 그때야 비로소 뭘 어떻게 정리하고 조율해야 할지 감이 잡힙니다. 몸에 대한 공부, 고전에 대한 탐구, 글쓰기 등이 그 과정에 도움이 될 겁니다. 가볍게 세미나를 시작하는 것도 추천드립니다. 같이 하다 보면 서로의 거울이 되어 줍니다. 힌트를 많이 얻게 되죠. 물론 어떤 것을 하건, 결국엔 자기가 해석해야 할 테지만요.

세번째 강의

양생과 치유의 실천들

세번째 강의

양생과 치유의 실천들

1강에서는 팬데믹 시대에 유동적 지성이 왜 필요한지에 대해서 설명드렸습니다. 유동적 지성을 확보하려면 생명의 원심력 혹은 창조적인 생의 힘을 이끌어내야 한다는 말도 했고요. 2강에서는 『동의보감』 속에 녹아 있는 유동적 지성의 서술들을 찾을 수 있었습니다. 그리고 그것이 몸을 치유하는 원리로 사용되었는데, 그 치법의 수준이 무위지치를 통한 국가 통치술의 경지까지 이르고 있다는 것도 확인했습니다. 이제 남겨진 과제는 『동의보감』의 양생법, 혹은 무위지치의 통치술을 어떻게 삶에서 응용할 수 있을 것인가입니다. 3강은 그 실천적 이야기입니다. 그래서 제목을 '양생과 치유의 실천들'이라고 했고요. 1강에서 잠깐 언급했던 상화라는 개념에 대해 살펴보면서 이야기를 시작하겠습니다.

블리스(Bliss)로서의 상화

동양의학에는 군화(君火)와 상화(相火)라는 개념이 있는데요. 둘 다 화기, 즉 불의 기운을 말합니다. 우리 몸에서 화기는 에너지인데요. 그 중에서 군화는 심장의 화, 기초대사를 이루는 안정적인 에너지를 말합니다. 그래서 수기와 화기가 조화를 이룬 에너지를 군화라고 합니다. 이 군화는 뜨겁지 않은 에너지입니다. 우리 몸의 체온을 36.5도로 맞추고 항상성을 유지하기 위해서는 일정한 수준의 따뜻함이 존재해야 하잖아요. 영하의 날씨에서도 금방 얼어 죽지 않고, 뜨거운 사우나에서도 생명을 유지할 수 있는 그런 기초대사의 에너지를 군화라고 합니다.

상화는 물과 조화를 이루지 않은 치우친 불입니다. 군화가 안정되고 조화로운 에너지라면 상화는 역동적인 잉여의 에너지입니다. 상화는 여러 방면에서 생리적·병리적으로 영향을 미칩니다. 일반적으로 고도의 사유 작업을 한다거나, 몸을 움직인다거나 하는 기초대사 이외의 활동에 쓰이는 것이라고 할 수 있습니다. 이 상화라는 에너지가 군화의 작용에도 온기를 주고 도와주는 역할을 하기도 하는데, 기본적으로 외적으로 쓰는 거예요. 상화가 치우친 불이라고 하는 건, 화 기운만 가지고 있어서 그렇습니다. 그래서 상화를 뿌리가 없는 화라고 이야기하기도 합니다. 군화가 수에다가 뿌리를 두고 있는 화라면 상화는 그냥 화만 갖고 있는 것이죠.

군화와 상화에 대한 설명을 간단히 드렸는데요. 여기서 중요한 건 상화의 중요한 작용 중 하나가 삶을 추동하는 것이라는 점입니다. 삶을 추동하는 영성적 고양감이라는 게 있어요. 살고 싶다는 마음, 생명적 에너지, 삶에 대한 애착 같은 것들인데요. 그런 에너지들을 상화라고 봅니다. 이런 상화의 에너지는 저명한 비교신화학자인 조지프 캠벨(Joseph Campbell)의 '블리스'(Bliss)라는 개념과도 비교해 볼 수 있습니다. 캠벨은 이 블리스라는 개념을 '희열' 같은 뜻으로도 쓰고 있는데요. 주로 고양된 감정을 표현할 때 사용하고 있습니다. 조지프 캠벨의 글을 한 번 읽어 보겠습니다.

> 나는 아직 존재가 무엇인지 잘 모른다. 의식이 무엇인지 잘 모른다. 하지만 희열(bliss)이 어떤 것인지는 알고 있다. 그것은 온전하게 현재에 존재하는 느낌, 진정한 나 자신이 되기 위해 해야 하는 어떤 것을 하고 있을 때의 느낌이다. 이러한 느낌을 계속 유지할 수 있다면 이미 초월성의 언저리에 있는 것이다. 무일푼으로 살아가야 될지도 모르지만 그런 것은 중요하지 않다.(조지프 캠벨, 『블리스로 가는 길』, 노혜숙 옮김, 아니마, 2020, 26~27쪽)

"진정한 나 자신이 되기 위해 해야 하는 어떤 것". 타자에 의존해서 일어나는 일이 아니라 스스로를 위해 하는 어떤 일을 이야기하고 있습니다. 이런 일을 할 때 명예나 돈은 크게 상관이 없다는 겁니다. '어떤 일을 하는 것이 너무 행복해서 돈도 필요 없고 오직 이걸 하고 싶어'라고 할 정도의 어떤 일이 생긴다면, 그건 정말 행복한 삶이라고 우리가 일반적으로 이야기를 하잖아요. 그런 것이 캠벨이 말하는 블리스입니다. 그런데 이러한 영성적 고양감은 어떤 의존적 관계에서 일어나는 게 아니에요. 예를 들어서, 사랑하는 자식, 남자친구, 남편 혹은 어떤 지위, 재물 같은 것에 의해서 삶의 고양감이 일어나고 있고, 그것이 삶을 지탱하는 것이라면, 그 영성적 고양감은 의존적 관계에서 일어나는 겁니다. 타자적으로 관계하는 이 희열이 강하면 강할수록 거기에 집착이 생기게 되어 있어요. 그런 관계는 무너지기 쉽습니다. 그래서 그런 의존적인 희열이 아니라, 진정한 나 자신이 되기 위해 해야 하는 어떤 것을 추구하는 것이 '블리스'라고 했습니다.

캠벨의 '블리스'라는 개념은 바로 이 창조적 생명의 에너지로서 상화와 연결이 됩니다. 물론 의존적 관계에서 일어나는 상화도 있습니다. 그러나 '블리스'와 상응하는 상화는 내재적으로 솟아오르는, 기존의 자기 습속을 넘어서서 삶을 추동하는 상화입니다. 그런 점에서 창조적 에너지인 엘랑비탈과 블리스와 상화가 비슷한 맥락 위에 있습니다. 우리가 흔히 내 삶을 고양시키고, 내 운명을 고양시키기 위해서 무엇을 한다고 하잖아요. 그런데 또 그런 고양시키는 것을 찾고 그것을 하면서 산다는 것으로 끝이 아니에요. 황로사상이나 양생적 기법에서 말하는 것처럼 그런 상화를 조율할 수 있는 무위의 전략도 필요합니다. 삶을 고양시키는 일을 한다고 해도 적절히 조율하지 않으면 몸이 상하고 질병이 생깁니다. 아무리 블리스로서의 상화를 쓴다 해도 막 쓰면 몸에 문제가 생깁니다. 그게 의존적 관계가 아닌 자기를 위한 내재적 고양감이라 해도 그렇습니다. 특히 이 에너지를 가슴에서 쓰면 심장에 열이 생깁니다. 그래서 그걸 '열심(熱心)히' 한다고 표현합니다. 그런데 양생의 관점에서는 그러면 안 됩니다. 상화는 심장의 열뿐만 아니라 온갖 염증성 질환이나 심지어 망상이나 착란 등 정신적 문제까지 일으킵니다.

특히 블리스로서의 상화라 할지라도 그것은 유위에 속하는 세계입니다. 따라서 무위지치를 염두에 둔다면, 상화는 무위의 전제를 깔고 사용해야 합니다. 그래서 무위의 통치술 안에서 상화를 어떻게 조절할 것인가를 고민해 봐야 합니다.

무위의 통치술과 상화의 조절

무위의 통치술은 간단히 말해서 자연을 닮아 가는 거예요. 이건 꼭 도가나 무위의 통치술에서만 이야기하는 것이 아닙니다. 인위적인 질서를 이야기하는 유가에서도 이런 식으로 이야기를 합니다. '우주화'(cosmization)라고 하는데요. 유가에서는 천, 즉 하늘의 본성을 닮는 것으로서 성인이 되는 길을 닦거든요. 무위자연에서는 하늘이 아니라 자연을 닮는다는 것이 다르죠. 그렇다면 황로사상 무위지치의 우주론에서 자연을 닮는다는 것은 무엇을 말하는 걸까요?

황로사상의 여러 텍스트 중에 한 권인 『황제사경』에 이런 구절이 있습니다. "비어 있음은 도의 집이며, 인위가 없음은 그 바탕이고 조화는 그 작용이다." 이게 무슨 말이냐 하면, 일단 근원적 바탕에는 혼돈, 카오스가 있다는 겁니다. 우주 발생의 기운은 구분할 수 없는 혼돈인데, 구분할 수 없는 그 세계를 '도'라고 한다는 겁니다. 도라는 것이 또렷하게 무언가가 있는 것이 아니라, 태허의 상태, 곧 큰 빔의 상태라는 말이고요. 도가 사상의 최종목표는 도잖아요.

그런데 그 최종목표의 자리에 이런 흐름만 존재한다고 하는 겁니다. 유위적인 학문들은 그 궁극에 무언가 실체가 있다고 하는 거죠. 그런데 도가는 그냥 카오스를 발견하게 되는 거예요.

그런데 앞의 인용문에서 말했듯, 카오스적인 근원만 있는 것이 아니라, 그 위에 조화라는 작용이 있어야 한다는 겁니다. 여기서 조화는 법가적 질서를 이야기한다고 해석할 수 있습니다. 사람이 모여서 살려면 어쨌든 질서가 있어야 합니다. 그래야 공동체로서 살아갈 수 있잖아요. 카오스와 질서가 동시에 존재해야 된다는 거죠. 요컨대, 황로사상의 우주론은 혼돈과 질서의 공존을 이야기하는 것입니다. 그것을 현대적 개념어로 '카오스모스'(Chaosmos)라고 할 수 있습니다. '카오스모스'는 '카오스'(혼돈)와 '코스모스'(질서)를 합친 말이에요. 어떤 면에서는 카오스인데 어떤 면에서는 질서가 되는 것이 '도'라는 겁니다. 앞에서 도는 곧 태허라고 말씀드렸는데, '도' 자가 길 '도' 자이기도 하니까, '길을 낸다', '질서를 만든다'라는 말로도 볼 수 있거든요. 결국 도는 카오스모스라는 것이고, 도일원론을 말하는 것이기도 합니다.

이걸 동양의학 쪽에서는 기일원론으로 받아들입니다. 기가 세계 만물을 만들기도 하고, 인체를 만들기도 한다고 이야기를 합니다. 그러니까 기가 변용을 하는 거예요. 따라서 상화를 조화하고 조율하는 무위의 전략이란 삶을 추동하는 영성적 고양감을 일으키되 거기에 고정된 의미를 두지 않는 것이 됩니다. 우리가 어떤 일에 고양감을 느낀다는 것은 그것이 옳고 바람직하다고 여기는 거겠지요. 참으로 아름답다고 생각하거나. 그러다 보면 그 대상이 필연적으로 추구해야 할 것으로 여겨지고, 어떤 목적론이 생겨나게 됩니다. 그런 것이 그 자체로 나쁜 건 아닙니다. 인류를 위해서 살거나 사랑을 위해서 사는 것, 이런 것이 나쁜 것은 아니겠지요. 하지만 이런 것에 사실 어떤 의미도 없다는 것이 무위의 첫번째 전략입니다. 근원에 자리잡고 있는 것이 혼돈이고, 태허이기 때문에 영성적 고양감을 일으키면서 삶을 살아가더라도 거기에 아무것도 없다는 것, 지금 하고 있는 것들이 인위적인 것이라는 점을 알고 있어야 한다는 겁니다. 그 무의미함을 알면서도 삶을 고취시키는 생명의 원심력을 생성시키는 동시에 그 수준을 조절하기 위해서 블리스적 상화에 질서와 의미를 부여하는 것, 이것이 무위지치에서 말하는 조화라고 할 수 있습니다.

정리하자면, 삶은 무의미하지만, 그럼에도 불구하고 삶은 고취되어야 하고 의미를 발굴해야 한다는 거예요. 그런데 이때의 의미는 어떤 고정된 것이 있어서 거기로 가는 게 아니라는 것입니다. 의미는 도처에 존재합니다. 살면서 이 도처에 존재하는 의미를 발굴해 나가야 하는 겁니다. 그리고 끊임없이 우리는 삶을 고취시키기 위해서 움직이고, 책을 보고, 희열을 느끼고, 그렇게 삶을 살아가되, 이 희열, 곧 상화가 너무 지나치지 않도록 조율을 해야 한다는 겁니다. 그러기 위해서는 이 상화를 하단전에서 시작하도록 만들어야 해요. 그래서 동양의학에서는 호흡을 중시하는 거예요.

상화가 단지 삶을 추동하는 데 기여할 뿐 일시적이라고 생각을 해도 그 추동성이 어떤 유위적 실체를 만들어 놓고 진짜라고 생각하기 쉽습니다. 또한 혼돈으로부터 서로 공동체적 삶을 유지하기 위해서 삶의 질서를 만드는 것이 임시방편적이라는 것을 알았다 해도 우리는 그 질서에 금방 익숙해지고 그 질서를 고정불변의 가치로 만들어 버립니다. 그러지 않기 위해서 앞에서 강조했던 우주의 근원적 원리인 혼돈에 대한 인식으로 다시 돌아가야 하는 겁니다. 이 혼돈을 생각하면 정말 허무합니다. 죽으면 다 없어진다는 것. 그래서 종교도 생기고 그러는 거예요. 그런 면에서 유교도 종교의 성격을 갖는 거죠. 조상에 대한 제사를 강조하는데, 4대까지는 어쨌든 내 후손이 나를 기억하고 찾아 준다는 것을 내가 제사를 지냄으로써 확인하는 거죠. 그러면 내가 완전히 흩어지기 전까지는 외롭지 않겠구나, 이런 생각들을 하는 거죠. 하지만 도가적 영역에서 보면, 다 흩어지는 거예요. 무엇도 남지 않고 그냥 자연이 되는 거죠. 이게 오늘날 과학적 관점에서도 맞잖아요. 사람이 죽으면 원소들로 흩어지는 거죠. 그래서 없어지는 것은 아니고 형태가 바뀌는 거라고도 이야기를 하죠. 탄소가 흩어져서 나무가 되고 풀이 되고 바람이 되고 이런 식으로. 하지만 살아 있던 사람이 가지고 있던 감정, 사유들은 다 없어지는 겁니다. 나라고 하는 존재 자체가 없어지는 거죠. 그래서 죽는 순간, 나는 내가 아닌 겁니다. '죽고 난 다음에 땅에 묻히면 얼마나 추울까', 이런 생각을 하는데, 안 춥습니다. 그냥 다른 존재가 되는 것이니까요.

이렇게 생각하니 굉장히 허무해지는 느낌입니다. 뭔가 삶을 위한 전략적인 통치술인 것 같았는데 잘못하면 끝없는 허무함에 빠지지 않을까 걱정이 됩니다. 그렇다면 우리는 이 허무를 어떻게 다루어야 할까요? 우선 '허무'가 무조건 나쁘다는 인식을 바꿀 필요가 있어요. 허무 역시 전략적으로 사용될 수 있어요. 그 얘기는 무위지치 몸의 버전이랄까요, 양생과 연결해서 풀어 보겠습니다.

양생과 상화의 조절

지금까지는 무위의 통치술에서 상화가 어떻게 관계하고 있었는지에 대해서 좀 넓게 이야기했습니다. 이제부터는 무위의 통치술이 몸과 삶에 어떻게 적용될 수 있는지, 그런 구체적인 이야기를 해보겠습니다. 그건 양생적 차원에서 상화를 조절하고 관리하는 방법에 관한 것입니다.

양생은 몸을 다루는 기술입니다. 첫번째 강의에

서 몸은 육체와 정신 그리고 외부 자연으로 이루어져 있다고 말씀드렸습니다. 그러나 양생은 육체를 다루는 기술이면서 마음과 삶의 영역까지 아우르는 기예라고 확장해서 해석할 수 있습니다. 일단은 육체적인 측면을 보는 게 좋겠습니다. 질병과 관련해서요. 동양의학에서 말하는 질병의 원인을 몇 가지 살펴보겠습니다. 동양의학에서는 삼인설이라고 해서 질병의 원인을 크게 세 가지로 나눕니다. 내인, 외인, 불내외인이 그 세 가지인데요. 이 중 내인은 칠정과 음식, 외인은 감기나 전염병과 같은 외사, 불내외인은 뱀에 물리거나 어디에 부딪쳐서 생기는 타박상 같은 걸 말합니다.

그 중에서도 내인, 즉 칠정과 음식 부조화가 가장 중요합니다. 그다음이 외인, 그다음으로 불내외인의 순으로 중요하게 다뤄지고 있는데요. 그 중에서도 가장 중요한 것은 일단 '칠정'입니다. 칠정은 일곱 가지 감정으로 '희노우사비경공'(喜怒憂思悲驚恐)을 말하는데요. 기뻐하고, 분노하고, 근심하고, 생각하고, 슬퍼하고, 놀라고, 공포스러운 감정이죠. 이런 감정들이 오래 쌓이면 질병을 일으킨다고 보는 거예요.

또 음식을 잘못 먹어도 병이 생길 수 있겠죠. 요컨대 내인들은 감정을 조절하고, 음식을 조절하는 것의 문제라고 할 수 있습니다. 외사는 어쩔 수 없는 경우가 있어요. 전염병 같은 경우 불가항력적인 게 있잖아요. 하지만 보통의 감기 같은 건 면역력과 관련이 있습니다. 평소 몸 관리를 잘하는 사람보다 허약한 사람이 감기에 더 잘 걸리죠. 그렇다면 외사 역시 평소에 칠정과 음식을 어떻게 잘 관리했는가에 달려 있다고 말할 수 있습니다.

그래서 칠정이 중요한데요. 칠정은 대체로 블리스나 창조적 생명 에너지로서의 상화가 아니라 의존적이고 집착적 관계에서 생겨나는 상화로부터 일어납니다. 친구, 가족, 애인과의 관계에서 상화가 일어나고, 감정적 고취가 일어납니다. 아이를 지극한 사랑으로 키웠는데, 애가 커가면서 나를 배신한다는 생각이 들고요. 너무 사랑하고 좋아했던 남편도 '니가 어떻게 나한테 그럴 수 있어' 식이 된다는 거죠.

그래서 이런 관계에서 상화를 조율하는 데에도 무위의 통치술이 어느 정도 효과가 있습니다. 일단은 이 상화가 그런 의존적 방식으로 일어나지 않도록 만들어야 하겠죠. 또 내 안의 고취감에 대한 조절이 필요합니다. 이렇게 의존적 관계에서 만들어진 상화, 이것은 반드시 나를 친다는 것을 알고 조절을 해나가야 하는데요. 『동의보감』에서는 이렇게 이야기하고 있습니다.

> 질병을 치료하려면 먼저 그 마음을 다스려 바로잡고, 도에 근원을 두어야 한다. 환자로 하여금, 마음속의 의심과 걱정, 망념과 불평, 그리고 경계를 없애고, 자신이 저질렀던 잘못을 깨닫게 해야 한다. 그래야 몸과 마음이 비워지고 삶과 우주가 하나가 되어, 결국 세상의 모든 일이 공의 세계에 있으며, 종일 하는 일이 망상이란 걸 알게 된다.(태백진인, 『동의보감』, 209쪽)

종일 무엇인가 걱정하고 생각하면서, 중요하고 중요하지 않은 것, 의미 있고 의미 없는 것을 나누고 있는 것이 결국 아무 의미 없다는 걸 알게 해야 한다는 거죠. 왜냐하면 유위적인 의미들이 집착을 낳고 집착이 칠정을 만들어서 병에 걸리기 때문이라는 겁니다. 그런 것들이 망상이란 걸 아는 것이 병이 나을 수 있는 전제가 된다고 이야기하는 것이죠.

> 더불어 나의 육체도 환상일 뿐이고, 화와 복도 따로 존재하지 않으며, 죽고 사는 것 역시 한날 꿈이라는 것을 깨닫는다. 그러면 모든 의문이 풀리고 마음이 자연히 청정해져 질병이 저절로 낫게 되는바, 약을 먹지 않아도 병이 이미 없어진 것이다. 이것이 바로 마음을 다스려 병을 치료하는 진인의 도이다.(태백진인, 『동의보감』, 209쪽)

현대의 기준으로 보아도 과학적인 말입니다. 육체는 환상이고, 언젠가 어차피 없어질 거예요. 그런데 천년만년 살 것처럼 아등바등하고 있다는 거죠. 이런 이유에서 약과 침보다 수양을 우선하라고 하는 거예요. 수양을 통해 무위지치의 원리를 깨닫게 되면 그게 곧 진인의 도를 깨닫는 것이고 그것이 또한 병을 치료하는 길이라는 것입니다. 병은 칠정 때문에 생기는 것이라고 이야기를 했었죠. 오랫동안 한 가지 감정이나 잘못된 가치에 대한 몰두를 반복하고 그렇게 해서 그런 방향으로 고정되면, 그것이 바로 병이 된다고 했습니다. 그래서 이걸 흩어야 하는데, 약이나 침을 통해서 잠시 흩을 수는 있겠죠. 하지만 마음이 똑같으면, 또 같은 자리에서 뭉치게 됩니다. 약이나 침만으로는 근원적인 치료가 안 되는 거죠. 결국 근원적인 치료라고 하는 것은 오래 묵어 있는 감정을 털어 내는 것이 되어야 하는데, 그게 쉽지가 않죠.

그래서 무위의 통치술을 좀더 실천적인 방법으로 적용해야 한다는 겁니다. 음식, 성생활 등 쾌락을 조절하는 것도 중요한 양생법인데요. 앞에서 상화가 일어나서 희열을 추구한다고 했었죠. 내 안에서 일어나는 블리스적 희열도 있고, 의존적 관계에서 일어나는 쾌락이나 소유에서 일어나는 쾌락적 상화도 있다고 했습니다. 그런데 긍정적이든 부정적이든, 이 상화를 너무 과하게 쓰면 병이 생깁니다. 혹은 상화를 써서 고착화된 의미를 만들어 내서 거기에 집착을 하게 되어도 질병의 원인이 되죠. 그래서 이런 쾌락들을 어떻게 과도하게 쓰지 않고, 고착되지 않도록 조절하느냐가 질병의 치료에 중요한 문제가 된다고 할 수 있겠습니다.

황제가 물었다. "내가 듣기로 옛날 사람들은 나이가 100세가 되어도 몸이 가벼웠다고 하는데, 요즘 사람들은 나이가 50세만 되어도 동작이 굼뜨니, 이는 시대가 달라서인가? 아니면 사람들이 도를 잃어버리고 살아서인가?" 기백이 대답했다. "옛날 사람들은 도를 알았고, 음양을 법도로 삼으며, 술수를 잘 조화시켰습니다. 또한 음식을 절제하고, 생활에는 일정한 규칙이 몸에 배어 있었으며, 힘을 함부로 낭비하지 않았습니다. 그렇기 때문에 형체와 정신이 잘 어우러져 천수를 누리다가 100세가 넘어서 죽었습니다. 그런데 요즘 사람들은 그렇지 않습니다. 술을 물처럼 마시고 제 기분대로 대충 사는데, 특히 취한 상태로 성교하기 때문에 정이 많이 소모되고, 진기도 흩어져 버립니다. 이렇게 쾌락에 빠져 생활에 절도를 잃어버리게 되면 당연히 정이 고갈되기 마련인 법. 그래서 나이 50세만 되어도 몸이 쇠약해지는 것이니, 이는 진정한 양생의 즐거움을 모르고 사는 것입니다." (「소문」素問, 『황제내경』. 『동의보감』에서 재인용, 203~204쪽)

앞에서도 설명했던 『황제내경』이라는, 동양의학

에서 가장 오래된 이론서에 나오는 내용입니다. 황제(黃帝)가 질문을 하고, 기백(岐伯)이라는 천재적인 신하가 대답을 해주는 구도로 되어 있는 책입니다. 그래서 인용한 부분도 황제가 묻고 기백이 답하는 형식으로 되어 있죠. 황제가 묻는 내용은 이렇습니다. 황제와 기백이 문답을 주고받던 시점도 지금부터 까마득한 옛날이지만, 그것보다 더 옛날 사람들 이야기를 하고 있습니다. 그 옛날 사람들은 100세가 되어도 몸이 가벼웠다는 거예요. 그런데 지금 사람들은 50세만 되어도 동작이 굼뜨니, 이게 시대가 달라서 그런 거냐고 황제가 묻고 있는 장면이죠. 그러자 기백이 '도'와 '음양'에 대한 이야기로 시작하는 대답을 합니다. 여기서 도는 앞서 말했던 것처럼 세상이 카오스로 이루어졌다는 것을 말하고, 음양이라고 하는 법도는 태극, 태허, 큰 허, 큰 빔을 바탕으로 하는 분석적 지성입니다.

그러니까 음양이라고 하는 것은 분석적 지성인데, 태허를 바탕으로 하기 때문에 우리가 알고 있는 그런 날카롭게 나누는 분별적 지성이 아니라, 그 안에서도 서로 바뀔 수 있고 교차가 되는, 약간 유동적

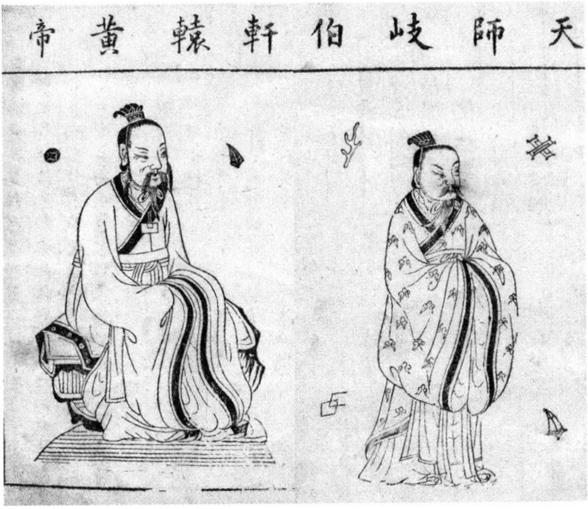

황제 헌원(왼쪽)과 기백(오른쪽)

동양에서 가장 오래된 의학서 『황제내경』은 중국의 시조라고도 할 수 있는 황제 헌원과 당대의 명의 기백이 주고받은 말을 기록하는 형식으로 이루어져 있다.

지성을 바탕으로 한 분별적 지성이라고 할 수 있습니다. 세상을 살기 위해서는 어떤 질서가 필요하니까요. 그래서 음양을 법도로 삼는 것이고요. 그다음 '술수'라고 하는 건, 실천적인, 일상에서 실천할 수 있는 기술 같은 걸 말합니다. 옛날 사람들은 이런 걸 잘 조화시켰다는 거예요. 도를 깨우쳤다고 해서, 세상은 어차피 다 허무일 뿐이라고 아무것도 하지 않으면서 사는 것이 아닙니다. 아주 디테일한 기술적인 측면들을 고려하고 조화시키는 것이 중요하다는 거예요.

우리는 힘을 굉장히 낭비하면서 삽니다. 욕망도 그런 힘 중 하나고요. 그러니까 여기서 말하는 건 뭐냐면 사람들이 일반적으로 생각하고 있는 그런 쾌락이 있는데 그렇게 쾌락적으로 살면 몸이 망가진다는 거예요. 그리고 양생이라고 하는 것은 그 쾌락을 억압하거나 더 불편한 방식으로 삶을 유지하는 게 아니고, 진정한 양생의 즐거움이 있다는 겁니다. 양생을 하면 너무 심심해서 어떻게 사냐고 하는데, 그렇지 않다는 거예요. 양생은 억지로 한다고 해서 되지 않습니다. 절제하고 조절하는 것은 누가 시켜서 억지로 하면 한계가 있어요. 절대 못합니다. 이게 더 쾌락적이라는 것, 더 기분이 좋고 충만하다는 것을 알아야 바꿀 수 있어요. 이렇게 욕망이 바뀌어야 생활습관이 바뀝니다. 참는 건 한계가 있어요.

양생의 즐거움은 보통의 쾌락과 다른데요. 보통의 쾌락은 시소를 탑니다. 고양감이 굉장히 넘쳐났다가 어느 순간 갑자기 꺼져요. 허무하고 우울했다가 다시 올라가고. 이 오르내림이 커지면 어떻게 되죠? 조증과 울증이 왔다 갔다 하죠. 양생은 이 진폭을 줄이는 거예요. 오를 때도 크게 오르지 않고, 내릴 때도 크게 내리지 않는 상태를 유지하는 거죠. 올라가는 게 크게 올라가지 않으면 내려가는 것도 크게 내려가지 않습니다. 그래서 과도한 희망도 없고, 그렇다고 절망도 없어요.

굳이 왜 그런 조절을 해야 하나, 그냥 대충 살다 죽으면 안 되나? 이렇게 반문하실 수도 있겠네요. 그래도 되지요. 하지만 이런 조율을 하지 않으면 수명만 짧아지는 게 아니라 몸이 아프고 고통스럽겠죠. 편두통만 생겨도 엄청난 고통이 느껴지잖아요. 양생을 하지 않고 욕망을 조절하지 않으면 살아가는 자체가 고통이 될 수도 있습니다. 그래서 몸이 편하려면 양생이 필요하다는 겁니다. 몸이 편하다는 건 몸이 느껴지지 않는 걸 말하죠. 어디가 특별히 불편하지도 않고, 기분이 좋지도 않고 나쁘지도 않고, 그게 가장 좋은 거예요. '기분이 너무 좋다', 이것도 좀 문제가 있어요. 컨디션이 좋아서 언제든지 나가서 하고자 하는 일을 할 수 있는 상태를 유지하는 게 좋습니다. 어떤 일을 할 때 열정으로 심장에서 하시는 분들 있잖아요. 이거 조심하셔야 돼요. 이걸 하단전으로 내려야 합니다. 어떤 일을 시작할 때 끌어올리는 고양감은 필요하지만, 일상에서는 그 고양감을 계속 지속시킬 수 없어요. 그래서 일상을 지속하고 유지하는 실력이 중요합니다.

관계에서도 마찬가지예요. 처음에 막 감정이 일어나서, '정말 사랑하지 않고는 못 참겠다', 이런 감정이 막 5년, 10년 간다? 그렇게 시간이 지났는데도 계속 설렌다? 그럼 심장이 망가집니다. 세로토닌이나 도파민이 처음 연애할 때 나오잖아요. 이게 유통기한이 길어야 2년이거든요. 그렇게 지나고 나면 그런 호르몬의 힘은 없어지는 거예요. 그리고 그다음부터는 일상을 유지해 가면서 서로 관계를 지속하는 실

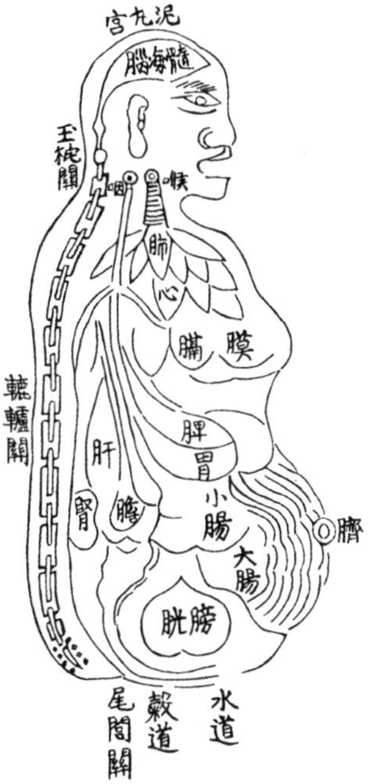

신형장부도

서양의 해부도가 죽어 있는 인간을 가르고 분석하여 보여 주는 것과 달리, 『동의보감』의 맨 앞에 수록된 '신형장부도'는 살아 있는 사람을 묘사하고 있다. 적당히 벌어진 입과 배꼽 주변의 주름은 이 사람이 하단전에 힘을 축적하면서 편안하게 호흡하고 있음을 보여 준다.

력이 필요한 겁니다. 우정의 실력이라고도 할 수 있겠죠. 이렇게 어떤 것을 시작한 다음에 유지하는 것에도 무위지치, 양생의 힘이 필요하다는 겁니다.

한 가지 짚고 넘어갈 것은 이런 양생적 조절, 쾌락의 진폭을 조절하는 일이 결코 쉽지 않다는 겁니다. 그것은 무위에 대한 깊은 탐구가 필요한 일이고, 자기가 지금 생각 없이 루틴하게 무엇을 반복하고 있는지, 그리고 그 속에서 어떤 우상들을 만들어 가고 있는지를 살펴야 하기 때문입니다. 그래야 상화를 조절할 명분이 생기거든요. 억지로 절제해서 되는 게 아닙니다. 욕망이 전화될 수 있도록 그 밑에 깔린 근간을 봐야 하고 우상화의 계보를 추적해서 인과를 바꿔야 합니다.

아까 이야기한 허무의 전략이란 것도 이런 맥락 위에 있습니다. 허무를 극복한다기보다는 허무를 전략적으로 사용할 수 있다고 말씀드렸잖아요. 일상적인 예를 들어 보겠습니다. 일반적으로 우리가 '허무'를 느낄 때는 소유했다고 믿었던 것이 흩어질 때인데요. 재물 같은 것도 그렇지만 특히 어떤 의존적 관계에서 생기는 희열이 배신감으로 바뀔 때가 더 심각합니다. 그거 때문에 목숨을 끊기도 하잖아요. 내가 소유한 것을 고정된 가치라고 보자면 이 가치가 흩어져 버리니 '허무'가 발생하는 것이지요. 그래서 그 '허무'가 다시 또 극복의 대상이 되는 겁니다.

그런데 '허무'가 극복의 대상이 아니라 전략이 된다면 방편이 좀 달라집니다. '허무'를 좀 더 살리는 겁니다. 그 '허무'의 대상을 더 끌고 내려가서 내가 소유했다고 믿었던 것까지 확장하는 거죠. 그러면 소유 자체가 우상화의 대상이었다는 것을 알게 될 테고, 그것이 곧 허무의 대상이 됩니다. 나를 떠났기 때문에 허무한 것이 아니라 흐르고 있는 것을 굳이 고정시켜 놓고 수많은 의미들을 부여했던, 그 유위적인 것들에 대한 근원적 허무를 말하는 겁니다. 그렇게 더 깊은 허무에 들어가다 보면 그 근원에 있는 무위를 발견하게 됩니다.

오히려 블리스는 이럴 때 생겨납니다. '허무'가 삶의 동력을 떨어뜨릴 것 같지만, 외려 의존적 쾌락과 수동적 번뇌의 회로에서 벗어났을 때, 허무 속에서 새로운 희열이 솟구칩니다. 그것이 블리스이고 상화입니다. 그렇게 무위지치의 바탕에 깔린 무위적 허무는 희열을 생산하고 삶을 다시 살리게 됩니다. 그런데 이렇게 생산된 희열은 무위적 지반을 깔고 있기 때문에 쉽게 가치를 고정시키지 않습니다. 고정된 불변의 가치는 도그마를 생산하고 집착을 유발합니다. 무위 위에 세워진 유위적 가치는 모델하우스 같습니다. 일시적으로 세워지고 그 몫을 다하면 허물어집니다. 그래서 집착과 도그마가 달라붙기가 쉽지 않습니다. 그것들은 탄탄한 지반이 있어야 견고해지니까요.

이렇게 세 번의 강의를 마무리할까 합니다. 이야기했던 내용을 정리하면서 강의를 마치도록 하겠습니다. 지금까지 인류가 분석적 지성으로 세계를 바라봐 왔다면, 팬데믹의 시대가 던져 주는 여러 문제들을 유동적 지성으로 바라봐야 한다고 말씀드렸습니다. 그런 눈으로 볼 때 문명과 질서에 안주하려는 구심력적인 힘이 아니라 우리 안에서 바깥으로 향하는 원심력적 생명의 고양감이 중요하다고 했고요. 하지만 이런 힘 역시 너무 과도하게 사용하는 것은 몸을 상하게 합니다. 그래서 우주적인 차원의 계산으로 길게 유지하는 것이 중요한데, 그러려면 무위지치의 통치술이 필요하다는 말씀을 세 번의 강의에서 드렸습니다.

그래서 우리는 몸 공부를 계속해 나가야 합니다. 사실 우리는 우리의 몸 상태에 따라서 어떤 선택이 이루어지고 감정이 어떻게 분출하는지를 잘 모르고 살아갑니다. 그래서 이 강의를 들으신 모든 분들이 몸과 세상을 진단하는 공부들을 더 하실 수 있으면 참 좋겠다는 생각을 합니다. 사람은 몸을 가지고 살기 때문에 몸과 관련된 공부는 누구나 해야 하는 필수적인 공부입니다. 동양의학이 되었건 서양의학이 되었건 몸과 관련한 공부를 하면서 이것을 가지고 몸을 들여다보고 생활과 연결하는 것은 누구에게나 굉장히 중요합니다. 실제로 병이 생겼을 때 적극적인 치료는 병원에서 할 수 있지만, 내 분노와 집착이 어디에서 시작되었는지를 지켜보고, 어떤 때에 내가 편한지를 찬찬히 들여다보기만 해도 존재와 세계에 대한 많은 문제를 풀 수 있는 눈을 가질 수 있으리라 확신한다는 말씀 드리면서 강의를 모두 마치겠습니다.

세번째 강의 Q & A

Q 일상에서 하단전의 힘을 키우는 방법이 있을까요?

A 일단은 하체 힘, 허벅지 근육이 중요합니다. 제가 항상 강조하는 것이긴 한데. 호흡법도 있는데, 함부로 하다가는 힘이 들거든요. 그래서 허벅지를 일단 단단하게 하는 게 좋습니다. 이게 이제 신장과 연결되어 있어요. 왜냐하면 신장에서 끌어내려야 되거든요. 선천의 에너지, 상화를 내는 에너지가 신장에 저장이 돼요. 그래서 신장이 족소음신경이라고 하는 안쪽 경맥을 타고 하체를 지배하고 있어요. 그래서 일단 하체를 튼튼하게 만드는 것이 중요합니다. 산에 오른다든지, 집에서 스쿼트를 한다든지. 그렇게 하면서 자신의 감정적인 측면을 들여다봐야 되겠죠. 자신의 감정이 어떤 환상에서 만들어졌는지를 보는 식으로 수련을 해야 합니다.

그리고 무엇보다 아무리 좋아서 하는 일이라도 번아웃이 되도록 무언가를 해서는 안 됩니다. 잠을 충분히

자야 뇌의 노폐물도 빠져나간다고 하거든요. 잠을 못 자면서까지 어떤 일을 하고 있다면 조율을 해야 하고 그러면서 하단전의 힘을 키워 나갈 수 있겠지요.

Q 코로나 시대를 어떻게 살아야 할까요?

A 어떤 예측 불가능한 시대가 오더라도 내 안에서 일어나는 생명적 에너지를 끌어내고 고양시키는 것이 필요합니다. 그럴 때 어려움 속에서도 지혜롭게 살아갈 수 있겠지요. 특히 지금은 비대면사회니까 집에서 무언가 창조할 수 있는 일을 한 가지 하세요. 어떤 주제를 정리하는 공부를 하거나, 글을 쓰거나, 그림을 그리거나, 뭐가 되었건 자기가 좋아하는 어떤 것을 정하고, 그것을 가지고 돈을 벌거나 다른 사람과 경쟁하려는 생각을 하지 않으면서 하는 것이 중요합니다. 그러다 보면 나중에 돈이 되기도 하는데요. 어쨌든 '돈도 안 되는데 이걸 왜 하고 있나', 이런 생각 하지 마시고, 재미있게 해보시는 것이 좋을 듯합니다. 이렇게 시간을 내서 무언가를 만들어 나가다 보면 실력도 조금씩 늘고, 어떤 의미를 찾아낼 수도 있습니다. 강의 내내 말씀드렸듯이, 의미는 허망하지만, 의미를 찾아내고 세상과 연결하는 것도 굉장히 재미

있습니다. 운동을 하고 몸을 돌보는 것도 물론 중요하겠지요.

Q 내가 양생을 잘 실천하고 있다는 것을 어떻게 알 수 있을까요?

A 기존에 가지고 있던 감정이 바뀌는 것으로 판단할 수 있어요. 어떤 감정을 반복해서 떠올렸었는데 양생이 잘 되고 있다면 그게 바뀝니다. 내가 좋아하는 것들, 싫어하는 것들도 바뀌기 시작하고요. 그러면 주변의 관계성들도 바뀌게 되고요. 그동안 좋아하는 어떤 관계가 싫증이 나거나 지루해지는 경우도 있고, 새로운 관계가 좋아질 수도 있겠지요. 당연히 몸이 바뀌는 것으로도 알 수 있습니다. 아팠던 것이 조금 나아지거나, 아니면 다른 곳이 아프기 시작하거나. 이런 식으로 조금 바뀌는 걸 통해서 판단할 수 있는데요. 이렇게 바뀌려고 할 때에 약간 신호가 온다고 해야 할까요. 세상이 조금 허무하다거나 무의미해진다거나, 아무것도 하기 싫어지거나 이럴 수 있는데, 이건 기존의 주체가 갖고 있는 상화적인 움직임이 약해지면서 약간의 시련이 오는 것일 수도 있습니다. 이때가 자신을 바꿀 타이밍이에요. 그럴 때 오는 시절인연을 확 잡으시면 됩니다.

Q 양생을 위한 구체적 실천 방법을 알고 싶습니다.

A 구체적인 실천 방법을 찾기 위해서 오랫동안 공부를 하는 거겠지요. 한마디로 딱 이야기할 수 없는 주제고요. 양생을 위해서는 전략이 필요합니다. 때로는 약을 먹을 수도 있어요. 예를 들어서 나에게 쌍화탕이 잘 맞아, 쌍화탕을 먹으면 피로가 덜해, 라고 한다면, 쌍화탕의 원리를 들여다봐야겠죠. 쌍화탕은 작약이 군약(君藥, 가장 주가 되는 약)인데, 이 작약이 간에 피를 모으는 역할을 합니다. 그리고 간에 피를 모으는 게 오행으로 보면 금기거든요. 그러니까 쌍화탕이 잘 맞는다는 것을 통해 금기운을 쓰는 전략으로 나아갈 수 있는 거죠.

누구나 할 수 있는 공통적인 전략은 없습니다. 사람마다 가지고 있는 기운이 다 다르니까요. 가령 어떤 사람은 목기와 화기가 강해서 지르고 앞서 나가는 성질을 가지고 있을 수 있겠죠. 이런 사람은 속도를 줄이는 전략을 써야 합니다. 또 어떤 사람은 에너지를 내지 못할 수도 있겠죠. 이렇게 점화가 잘 안 되는 사람은 좀 지르는 쪽으로 전략을 짜야 할 거고요. 그러니까 누구나 쓸 수 있는 공통의 방법이 있는 것이 아니라 균형의 이치를 알고 스스로를 돌아보면서 전략을 짜야 하는 겁니다. 내가 살아온 서사, 히스토리를 가지고, 스스로를 진단할 수가 있어요. 제가 강의에서 말씀드리고 싶었던 것도 이런 진단적 방법론일 뿐이고, 구체적인 진단은 실험도 해보고, 시행착오도 겪으면서 스스로 해나가야 하는 거예요. 이렇게 진단을 내렸다면, 실천방법은 구체적으로 짜는 것이 중요합니다. 정말 구체적일수록 좋은데, 이 역시 자기 상황에 맞게 해나가야 하겠지요.

그래도 큰 틀을 말씀드리자면 무위해야 한다는 겁니다. 과도하지 않게 해야 하고요. 최선을 다하지만 바라지는 않아야 합니다. 특히 하나를 집어서 말씀드리자면 감정에서 질투, 시기, 경쟁심리 같은 걸 제일 주의하라는 말씀은 드리고 싶네요. 우리가 살고 있는 우주는 굉장히 큰데, 크건 작건 상관없이 어떤 조직 안에서 경쟁의 마음, 내가 잘나가는 것보다 쟤가 못되는 게 중요해, 같은 마음이 들면 그건 이미 지옥에 빠진 거예요. 그래서 그런 감정이 있다면 가장 먼저 조절해야 합니다. 그런데 조절이 잘 안 된다면 어떻게 하죠? 그 감정이 어떻게 해도 사라지지 않는데, 정말로 자유로워지고 싶다면, 그 공간을 나오는 것도 방법입니다.

그렇게 스스로에게 돌아가야 합니다. 유일한 경쟁상

대는 나예요. 내가 하루하루 어떻게 바뀔 것인가, 그것만 고민을 하면 됩니다. 그런 것들이 굉장히 중요합니다. 왜냐하면 인간은 모여서 생활을 할 수밖에 없는데, 그런 의존적 관계에 갇혀 버리고 아무것도 못하게 되면 칠정이 일어나서 나를 치고, 그 질투와 시기가 온몸의 화기를 일으켜서 온갖 염증성 반응들이 일어납니다. 그러면 그렇게 아프고 피곤할 수가 없어요.

Q 조절을 한다, 절제를 한다는 건 어떤 것일까요?

A 우선 내 마음이 어떤지를 알아차리는 게 중요합니다. 마음이라는 것이 혼자서 벽을 보고 앉아 있다고 알 수 있는 것이 아닙니다. 앞에서도 말씀드렸듯이 내 마음을 알기 위해서는 타자적 거울이 있어야 돼요. 거울이 있어야지 내가 보이잖아요. 그래서 우리가 여행도 가고 하잖아요. 그런데 여행을 매번 갈 수도 없고, 일상에서 그것을 알아차리려면 공부가 필요하다고 말씀을 드렸습니다. 공부를 통해서 논리적으로 나 자신을 이해시켜야 돼요. 내가 느끼는 이 마음, 이 분노와 상처 같은 것들이 왜 환상인지를 이해해야 하는 겁니다. 내가 한 방향에서만 보고 있다는 것을 알아차려야 돼요.

공부로써 나를 보고 객관화시킬 수 있어야 돼요. 메타적으로 나를 볼 수 있어야 합니다. 제가 지금 이렇게 강의를 하고 있지만, 이런 강의도 듣기만 해서는 소용이 없습니다. 일시적으로 뭔가 알 것 같지만 그런 앎은 금세 사그라듭니다. 뭔가 능동적으로 공부에 뛰어드는 게 중요합니다. 혼자 앉아서 공부하고 깨닫는 과정도 있어야 하고 함께 모여서 하는 공부도 필요합니다. 혼자서만 하면 독선에 빠지기 쉽고, 홀로 파고드는 시간이 없으면 익숙한 말들의 잔치에서 벗어나지 못합니다. 그렇게 해서 자기만의 방법론을 만들어야 합니다.

이런 방법론 속에서 이제 절제를 통해서 자기의 몸과 에너지를 조율해 나가야 하는 건데요. 이렇게 절제를 할 때에도 수동적으로 억지로 하는 것이 아니고, 양생적 희열을 느끼면서 하는 것이 중요합니다. 절제가 억압이 되면 오래 할 수가 없습니다. 그래서 절제를 한다고 스스로를 너무 억압한다는 생각이 들면 좀 놓아 주어야 합니다. 무위지치를 말씀드렸는데, 그것이 독재정치로 흐르면 안 되겠지요. 유동적인 질서를 만들어 가야 하는데, 그것이 어떤 것인지는 각자가 고민을 해야 하는 겁니다. 누군가 다른 사람이 알려줄 수 있는 것이 아닙니다.

사실 무엇을 어떻게 절제해야 하는지 자기가 다 압니다. 해야 하는데 하지 못하는 것이 다 있죠. 그걸 천천히 조금씩 하면 돼요. 그러다가 또 귀찮으면 안 하게 되겠죠. 그래도 생각나면 또 하면 됩니다. 글렀다고 포기하지 않고, 그것을 계속 화두를 잡고 있다는 것, 그것을 향해 노력하고 있다는 것이 중요하지, 진도는 크게 상관이 없다는 말씀을 드리고 싶습니다.

이 책은 2020년 '도서관 길 위의 인문학' 사업의 일환으로 이루어진 지은이의 〈양생과 치유의 인문의학, 동의보감〉 강의(총 3강)의 내용을 책으로 엮은 것입니다.

지은이의 생생한 목소리로 책의 내용을 만나고 싶다면, 아래의 url 혹은 QR코드로 동영상 강의에 접속할 수 있습니다.

첫번째 강의 _ 예측불능의 시대와 창조적 진화
https://youtu.be/7Cye4KbDVHA

두번째 강의 _ 『동의보감』에 숨겨진 무위의 통치술
https://youtu.be/yfeEZE6BuX0

세번째 강의 _ 양생과 치유의 실천들
https://youtu.be/MUvULsi1qbk

* 위 동영상 강의들은 한국도서관협회의 '도서관 길 위의 인문학' 사업의 일환으로 업로드된 영상들로 북튜브 출판사는 해당 강의의 링크를 제공할 뿐, 해당 동영상이나 업로드 단체와는 무관합니다.